A PATERNIDADE FRAGMENTADA

— Família, Sucessões e Bioética —

G499p   Giorgis, José Carlos Teixeira
         A paternidade fragmentada: família, sucessões e bioética /
José Carlos Teixeira Giorgis. – Porto Alegre: Livraria do Advogado Editora, 2007.
         164 p.; 23 cm.

         ISBN 978-85-7348-496-0

         1. Paternidade. 2. Direito de família. 3. Direito das sucessões.
4. Bioética. I. Título.

                              CDU – 347.63

         Índices para o catálogo sistemático:

         Paternidade
         Direito de família
         Direito das sucessões
         Bioética

(Bibliotecária responsável: Marta Roberto, CRB-10/652)

José Carlos Teixeira Giorgis

A PATERNIDADE FRAGMENTADA

— Família, Sucessões e Bioética —

livraria
DO ADVOGADO
editora

Porto Alegre, 2007

© José Carlos Teixeira Giorgis, 2007

Capa, projeto gráfico e diagramação
Livraria do Advogado Editora

Revisão
Betina Denardin Szabo

Direitos desta edição reservados por
Livraria do Advogado Editora Ltda.
Rua Riachuelo, 1338
90010-273 Porto Alegre RS
Fone/fax: 0800-51-7522
editora@livrariadoadvogado.com.br
www.doadvogado.com.br

Impresso no Brasil / Printed in Brazil

"Eu quase nada sei. Mas desconfio de muita coisa.
O senhor concedendo, eu digo: para pensar longe sou
cão mestre, o senhor solta em minha frente uma idéia
ligeira, e eu rastreio essa por fundo de todos os matos,
amém".

Guimarães Rosa, *Grande sertões: veredas.*

Para

Octavio Germano,
amigo presente, que impôs disciplina semanal.

Sandra Rosa dos Santos,
Carolina Sciortino Parera de Carvalho,
Manice Rosenfeld Wolf,
Viviane Moura Sleimon e
Diogo Carvalho dos Santos,
companheiros do cotidiano, a quem destino o brilho e a lucidez de minha passageira travessia judiciária.

Sérgio Couto,
fidalgo fluminense.

Motivo e gratidão

1. A coletânea contém parte dos artigos publicados em rigor semanal nos jornais *"O Correio"*, de Cachoeira do Sul e *"Minuano"*, de Bagé, disciplina que se mantém há cinco anos; e reproduzidos com gentil regularidade no sítio prestigiado *"Espaço Vital* "e no *"Boletim COAD"*, do Rio de Janeiro".

Alguns também foram inseridos em *"Zero Hora"* e *"O Sul"*, de Porto Alegre, *"Diário Popular"*, de Pelotas, *"A Platéia"*, de Livramento, *"Ponche Verde"*, de Dom Pedrito, e ainda em outros diários, revistas nacionais e numerosas páginas virtuais.

Para sua edição, os temas foram sistematizados e operadas discretas cirurgias para viabilizar a composição derradeira.

2. Sou reconhecido ao editor conterrâneo Glauber Pereira e ao artefinalista cachoeirense Jader Domingos Correia; aos amigos Marco Antonio Birnfeld e Sérgio Couto, que sempre prestigiaram os textos enviados; e aos amáveis titulares de conhecidas páginas da internet, que espalharam os escritos pelo mundo cibernético.

3. De forma especial, agradeço à amiga Floriza Magalhães Ballvé, que com paciência franciscana organizou os originais; também a Rafael Marczal de Lima, que os digitou.

E ao estimado Desembargador Luiz Felipe Brasil Santos, pelas generosas palavras de apresentação dos trabalhos.

Porto Alegre, abril de 2007.

José Carlos Teixeira Giorgis

jgiorgis@terra.com.br

Prefácio

Durante aproximadamente seis anos (de 1999 a 2005) convivi com o Desembargador José Carlos Teixeira Giorgis na condição de integrantes da 7ª Câmara Cível do Tribunal de Justiça do Rio Grande do Sul, especializada em Direito de Família e Sucessões.

Foi, para mim, um período de aprendizado. Não apenas jurídico, mas sobretudo humano. É que, além de jurista de escola, com formação diversificada, Giorgis é um humanista, possuidor de cultura enciclopédica, rara na atualidade. Tendo lecionado Biologia, Matemática, Filosofia e Direito, ainda encontra espaço para incursões literárias e musicais, além de investigações no terreno esotérico. Sua mente inquieta não se limita a compartimentos estanques do saber.

Detentor de um estilo refinado, a leitura de seus textos, mesmo jurídicos, nos revela um escritor de invejável talento, com profunda inventividade.

Sua contribuição para a jurisprudência nacional – especialmente no sensível campo do Direito de Família e Sucessões – foi notável, marcada por posições avançadas, sempre percebendo, como poucos, o evoluir da realidade social.

Esta coletânea de textos, que em boa hora é lançada – e que reúne trabalhos publicados em diversos meios de comunicação –, é excelente amostra da diversificada produção doutrinária de seu autor, refletindo agudeza de espírito e sensibilidade na percepção dos rumos do Direito de Família brasileiro, em análises que, embora pouco extensas, por sua destinação jornalística, nada perdem em seu caráter científico.

Profundamente honrado pelo convite do autor para apresentá-la, registro minha convicção de que sua leitura, a par de agradável, servirá de bússola não apenas aos operadores dessa área especializada do Direito, em face do seguro e aprofundado domínio dos diversos temas abordados, como também aos estudantes e ao público em geral.

Luiz Felipe Brasil Santos
Desembargador do TJRS, Presidente do
Instituto Brasileiro de Direito de Família – Seção RS

Sumário

Parte I - Família 15
1. Direito de Famíla interdisciplinar 15
  1.1. O Direito de Familia e as constituições brasileiras . . . 15
  1.2. Uso da prova ilícita no Direito de Família 17
  1.3. A distribuição dinâmica da prova e o Direito de Família . 19
  1.4. As questões de família e o novo agravo 21
  1.5. O ativismo judicial no Direito de Família 22
  1.6. Os conceitos vagos no Direito de Família 24
2. Casamento 25
  2.1. Cônjuge, companheira e o novo Código Civil 25
  2.2. O regime de bens e sua alteração 26
  2.3. Adoção dos sobrenomes das linhagens femininas . . . 28
  2.4. O cônjuge e a pensão por morte 29
  2.5. Corretagem matrimonial 31
  2.6. A indenização pelo uso de bem comum 32
  2.7. O débito conjugal e o dano moral 33
  2.8. A bigamia 35
3. União Estável 39
  3.1. Breve memória sobre o concubinato 39
  3.2. A coabitação, como pressuposto da união estável . . . 41
  3.3. A união estável e o dever de fidelidade 43
  3.4. A união estável e o tempo 44
  3.5. O contrato de convivência 46
  3.6. União estável e separação obrigatória de bens 47
  3.7. O companheiro e a pensão por morte 49
  3.8. O estado civil do companheiro 50
  3.9. A concubina desamparada 52
  3.10. O companheiro e a locação 54
  3.11. União estável e conversão em casamento 55
4. Filiação e poder familiar 57
  4.1. A paternidade fragmentada 57
  4.2. A inseminação póstuma 58
  4.3. O abandono paterno e o dano moral 60

4.4. O castigo imoderado 62
4.5. A mulher e a violência doméstica 63
4.6. Adoção póstuma 65
5. Investigação de paternidade 67
5.1. A recusa ao exame de DNA e o novo Código Civil . . . 67
5.2. O exame do DNA e a gratuidade judicial 68
5.3. A dignidade humana e a condução forçada
ao exame de DNA 70
5.4. A investigação de paternidade e o nascituro 72
5.5. A investigação de paternidade e a inseminação artificial . 73
5.6. A exumação e o DNA 75
5.7. A investigação da paternidade socioafetiva 77
6. Separação e divórcio 79
6.1. A separação judicial e a prova da culpa 79
6.2. Meu bem, meus bens 80
6.3. A implantação de embriões e a recusa do marido . . . 81
6.4. A descrminalização do adultério 83
6.5. Divórcio: quantas vezes? 84
7. Alimentos 86
7.1. O direito dos parentes aos alimentos 86
7.2. Os alimentos no estatuto do idoso 87
7.3 Alimentos e salário mínimo 89
7.4. Alimentos e obrigação dos avós 91
7.5. Alimentos e procedimento indigno 92
7.6. Alimentos e prestação de contas 94
8. Sexualidade e gênero 96
8.1. A união homoerótica e o novo Código Civil 96
8.2. O supremo tribunal e a união homossexual 97
8.3. As uniões de fato e seu registro 99
8.4. A palavra e a realidade sexual 100
8.5. Como uma onda no ar 102
8.6. Adoção por casal do mesmo sexo 103
8.7. O transexualismo e o direito 105
8.8. O nome do transexual 110
9. Personagens históricos e a família 112
9.1. Jesus e a dignidade feminina 112
9.1.1. Jesus e o princípio da igualdade 115
9.2. Santo Agostinho e sua concubina 117
9.3. Hamurabi e o casamento 119
9.4. Hamurabi redivivo 121
Parte II – Sucessão 123
10. O conjuge sobrevivente e a herança 123
11. A sucessão do nascituro, prole eventual e embrião
criocongelado 125

12. O direito real de habitação 127
13. A deserdação e o Código Civil 129
14. A indignidade no direito sucessório 131
15. A vontade do testador 133
16. Notas sobre testamento particular excepcional 135
17. O novo testamento: duas observações importantes 137

Parte III - Bioética 141
18. Personalidade e biotecnologia 141
    18.1. A pessoa, fundamento do novo Código Civil 141
    18.2. Pessoa, o início da vida e o direito 142
    18.3. Células-tronco, verdade e mito 144
    18.4. O mundo novo e a tecnologia 145
    18.5. A cremação e o direito 147
19. Temas bioéticos 149
    19.1. A pessoa vulnerável 149
    19.2. A clonagem e seus efeitos jurídicos 150
    19.3. Aspectos éticos dos transplantes de órgãos 152
        19.3.1. A transfusão, o credo e a ética 154
20. Interrupção da gravidez 157
    20.1. A interrupção da gravidez 157
    20.2. Notas sobre o aborto 158
    20.3. O aborto sentimental 160
    20.4. O aborto sentimental e os filhos rejeitados 162

Parte I – FAMÍLIA

1. Direito de Famíla interdisciplinar

1.1. O Direito de Familia e as constituições brasileiras

As constituições brasileiras sempre revelam as mudanças sociais que ocorrem na sociedade civil, bem como as idiossincrasias ideológicas que, naturalmente, transparecem da elaboração e fomento das leis.

Após a proclamação da Independência, a religião católica era o culto oficial, havendo um vínculo estreito entre a Igreja e o Império, razão da existência apenas do casamento religioso, e nenhuma referência relevante ao direito de família na Carta de 1824.

Já a Constituição de 1891, sob a influência do ideário republicano, proclamou o casamento civil, dizendo-o gratuito e isso nas disposições sobre os direitos individuais, representando uma diáspora que desvinculou a instituição matrimonial do caráter religioso existente.

A Carta de 1934, impregnada de influxos sociais, deu ao Estado a obrigação de socorrer as famílias de prole numerosa, estimou a indissolubilidade do casamento, salvo desquite ou anulação, que continuava civil e gratuito, embora aceitando os efeitos do conúbio religioso, recomendou exame de sanidade física e mental para os nubentes e ordenou a gratuidade do reconhecimento dos filhos naturais, garantias que foram repetidas na Constituição de 1937, com o acréscimo da igualdade entre filhos naturais e legítimos e proteção da infância e da juventude pelo Estado.

A Constituição de 1946 renovou tais direitos, apenas adicionando a vocação hereditária de brasileiros, em relação a bens deixados por estrangeiros no país.

A Emenda nº 1, de 1969, manteve o casamento indissolúvel, o que logrou modificação com a Lei do Divórcio de 1977, estatuindo-se que o casamento podia ser dissolvido após previa separação judicial por três anos (CF, art. 175, § 1º), e, mais tarde, pela Emenda nº 2, de 1977, permitiu o divórcio direto, para separações de fato por mais de cinco anos, se anteriores; outras prescrições cuidaram do casamento civil com celebração gratuita, do religioso com efeitos civis, assistência à maternidade, à infância, à adolescência e aos excepcionais.

A instituição do divórcio e a aceitação de novos paradigmas como a independência da mulher e sua fixação em nichos sociais antes relegados; uma nova consciência sobre a sexualidade, o crescimento de movimentos reivindicatórios, as parcerias civis, a abertura política, foram alguns vetores que desembocaram no processo constituinte, com ampla discussão de todos os setores nacionais, e na construção da base da pirâmide onde se apóiam todos os ordenamentos.

A Constituição de 1988 representou *radical mudança*, com a nova conceituação de entidade familiar, para efeitos da proteção do Estado, passando a família ser vista e aceita de forma mais ampla, por sua origem no Direito Natural, com reflexos nos âmbitos civil e penal.

A entidade familiar estrutura-se ou pelo casamento civil ou religioso com efeitos civis, mantido como instituto básico, em torno de que gira o sistema, confirmando-se a chamada *família legítima* (CF, artigo 226, §§ 1º e 2º), pela união estável entre homem e mulher, que teria facilitado sua conversão ao casamento (CF, artigo 226, § 3º) e pela comunidade formada por qualquer dos pais e seus descendentes ou *família monoparental* (CF, artigo 226, § 4º).

A Carta Magna ainda ampliou as hipóteses de dissolução do casamento pelo divórcio, estabelecendo a forma direta, após dois anos de separação de fato e a conversão da separação judicial em divórcio após um ano de ruptura (CF, artigo 226, § 6º).

Assentou-se a igualdade de direitos entre o homem e a mulher (CF, artigo 5º e I), a vedação de qualquer preconceito (CF, artigo 3º, IV) e que os direitos referentes à sociedade conjugal são exercidos igualmente por um e outro (CF, artigo 226, § 5º), regra que deriva do Direito Natural e da Declaração Universal dos Direitos Humanos, prerrogativas que, historicamente, foram antecedidas pela edição do Estatuto da Mulher Casada (Lei nº 4.121/62).

A idéia da igualdade, todavia, não pode ser extremada e deve considerar as naturais diferenças entre o homem e a mulher, oriundas de um estamento cultural de séculos de dominação e subserviência, realizando-se os acertamentos em cada caso, quando se controvertam as situações familiares ou pessoais.

Esta isonomia se considera contingente e relativa, eis que a mulher ainda não logrou sua emancipação financeira, apesar de expor-se ao mercado de trabalho, havendo o constituinte acolhido uma *tendência à igualização jurídica homem-mulher;* mas não a decretou em termos categóricos e de universal espectro, pois não goza do privilégio de operar metamorfoses, diante de realidades díspares (TJSP, 3ª Câmara Cível, APC 259.4371, j. 10.10.95.).

Por outro lado, fixou-se a igualdade entre os filhos, havidos ou não do casamento, ou por adoção, todos com os mesmos direitos e qualificações, proibidas quaisquer discriminações relativas à filiação (CF, artigo 227, § 6º).

Não se falou mais em filhos ilegítimos, naturais, espúrios, bastardos, clandestinos ou incestuosos, nomes que tinham vezo preconceituoso, etapa que veio a ser completada pelo Estatuto da Criança e do Adolescente, que declarou o estado de filiação como direito personalíssimo, indisponível e imprescritível, podendo o reconhecimento do filho havido fora do casamento ser feito através de procedimentos voluntário (registro, testamento, escritura pública, documento particular, declaração no processo), administrativo (indicação do suposto pai pela mãe, no registro) ou judicial(investigação de paternidade), pretendendo-se, em resguardo à Justiça, o esplendor da verdade na tessitura do organismo familiar, por exigido respeito a seus componentes e fortalecimento da própria sociedade.

Em arremate, opera-se com a Constituição um novo dimensionamento e valoração do núcleo familiar, tratando-se igualitariamente pais e filhos, cônjuges e parceiros, protegendo-se outras formas de união, que foram favorecidas com a possibilidade de dissídio em vista do divórcio.

1.2. Uso da prova ilícita no Direito de Família

A literatura sobre a prova vedada costuma chamá-la de *prova ilegítima, prova ilegal, prova inadmissível, prova proibida* ou outras denominações, que assim continuaram até a importação da terminologia cunhada por Pietro Nuvolone, depois levada à Constituição, para quem a distinção repousa em dois critérios, *a fane probatória* e o *ordenamento jurídico* afetado.

Assim, *prova ilícita é a obtida* com violação das *garantias constitucionais e do direito material; e prova ilegítima é a produzida* com transgressão das *regras processuais.*

Quando a prova é feita em violação a uma norma de caráter material, essa prova é denominada de *prova ilícita,* mas quando, ao contrário, é produzida com infringência de uma norma de caráter processual, usa-se o termo *prova ilegítima,* vendo-se daí que a diferença se faz em dois planos.

No primeiro enfoque, a distinção diz com a natureza da norma afrontada e sendo esta de caráter material, a prova será ilícita; no segundo plano, a distinção é estabelecida quanto ao momento em que se dá a violação, isso porque a prova será ilícita, infringindo, portanto, norma material, quando for *colhida* de forma que transgrida regra posta no direito material, e ilegítima, desrespeitando norma de caráter instrumental, quando for *produzida* no processo.

Em resumo, a diversidade radica no momento extraprocessual da colheita da prova, o que se dá com quebra da harmonia constitucional e material, daí *prova ilícita;* ou já na incursão processual da prova, então *prova ilegítima.*

A produção de um documento obtido sacrifício do sigilo da correspondência é uma prova ilícita, mas o depoimento do cônjuge, quando possível conseguir-se a prova por outra maneira, por atacar o artigo 405 do CPC, é prova ilegítima.

O uso da prova ilícita cria apreciável dissenso doutrinário e divergência pelágica nos tribunais, quando o juiz se indaga sobre o defenestramento de prova relevante e eficaz para a descoberta da verdade, mas que se acha revestida de censurável labéu de origem.

É o que se busca discutir, aqui no âmbito familiarista, onde o problema da prova ilícita torna-se mais delicado por envolver relações familiares, a individualidade de cada membro, sua dignidade e intimidade, cuja importância é objeto de previsão legal (CPC, artigo 155, II).

Assim, entre a posição *obstativa,* que proíbe sempre a produção desta prova com base no paradigma constitucional, da posição *permissiva,* que a aceita livremente, com punição para o agente que a formou, a jurisprudência tem se inclinado para um entendimento *intermediário,* que aceita a prova ilícita com base no princípio da proporcionalidade, ponderando os interesses em episódios que não haja outra forma de produzir dita prova, que resta como única para demonstrar a pretensão, como ocorre com a gravação feita pelo cônjuge de conversa telefônica do outro, para constatar a violação dos deveres do casamento.

1.3. A distribuição dinâmica da prova e o Direito de Família

A lesão aos direitos subjetivos é levada ao conhecimento da autoridade jurisdicional, única legitimada para dirimir os conflitos resultantes de sua ofensa, em busca da respectiva tutela e proteção.

O juiz deve dirimir a controvérsia, mas como não foi expectador ou coadjuvante do acontecido, é preciso que lhe sejam oportunizados todos os elementos do evento, numa verdadeira reprodução histórica, o que acontece através da *prova,* instituto processual que muitos consideram centro nervoso da demanda.

Para tanto a lei estabelece uma repartição de encargos entre as partes, tocando ao autor a demonstração dos pressupostos que enfeitam sua pretensão e ao demandado aqueles que constituem a coroa de sua defesa, no equilíbrio e igualdade próprios do contraditório constitucional e do princípio dispositivo.

Em outras palavras, o código de cânones instrumentais firma que a parte deve demonstrar apoio ao direito invocado, restando ao magistrado, aqui e ali, intervir para ordenar alguma diligência que melhore sua persuasão.

Esta harmonia foi quebrada com a superveniência do código do consumidor que estabeleceu *direitos básicos* para facilitar a garantia de defesa, inclusive com a *inversão do ônus da prova,* quando fosse verossímil a alegação e presumida sua hipossuficiência pelas regras de experiência.

Ou seja, como o consumidor é a parte mais vulnerável, tendo seu pedido uma *aparência de verdade,* o juiz pode fugir do catecismo processual, determinando que a prova, antes atribuída ao autor, seja endereçada a quem tem melhores condições de cumpri-la: é o que acontece na revisão dos contratos bancários de posse dos estabelecimentos de crédito, e que servem para provar exageros de juros, taxas ou comissões, renovação indevida, enfim, matéria que devia ser esfera do cliente, mas que passa a quem melhor pode desempenhar o ônus, no caso, o agente financeiro.

No mesmo sentido, é freqüente a alteração do comando probatório em ações de responsabilidade por erro médico, em que a prova não é do paciente, que não dispõe dos elementos técnicos para sedimentar sua ânsia reparatória, mas do médico que detém fichas e prontuários, únicos capazes de iluminar o litígio.

Por inspiração do doutrinador argentino Jorge W. Peyrano, esta nova visão da pugna processual foi sistematizada sob a denominação de *distribuição dinâmica das cargas probatórias* e tomou de assalto a jurisprudência de causas que envolvam bancos, consumidores, cirurgias estéticas e outras, já inúmeros os repertórios que as registram.

Em palestras realizadas, atrevi-me a sugerir o uso da técnica também nas disputas familiares, campo onde se enfrentam partes desniveladas para a apuração da verdade, uma mais apetrechada pelas condições materiais e outra vulnerável pela carência afetiva e de recursos.

Assim hoje, quando um menor ajuíza ação de alimentos contra seu pai, além de provar sua necessidade ainda deve demonstrar a fortuna do genitor, nicho a que não tem acesso, notadamente quando se trata de profissional liberal ou trabalhador autônomo: ora, neste caso é perfeitamente possível que o juiz, que não deve ser um mero assistente da luta judicial, intervenha para determinar ao melhor aquinhoado e por tanto mais apto em produzir a prova, que venha à liça revelar qual seu entesouramento e condição.

Na investigação de paternidade, a prova pericial prestigiada do DNA não deve ser postulada por quem busca a ascendência paterna, mas exatamente pela parte que, negando a filiação, tem maior interesse na pesquisa genética para refutar a afirmação feita pelo investigante.

É que, lidando com direitos indisponíveis, o direito de família segue regras peculiares, permitindo a leitura dos padrões processuais com alargamento e mitigação.

Estes paradigmas típicos, como a possibilidade do juiz intervir no processo e a natureza das questões de família, aconselham que as regras de distribuição da prova, embora limitadas nas regras instrumentais, ganhem modernos desdobramentos e interpretação eficaz com uso da teoria da carga dinâmica da prova, sempre na busca da boa e sã justiça.

1.4. As questões de família e o novo agravo

As recentes alterações pontuais da legislação processual objetivam a simplificação das formas e a cura da apoplexia estatística, cada vez mais contaminada com a abundância de recursos que abarrotam os escaninhos dos cartórios.

O novo traje do agravo representa uma mudança brusca de paradigma, pois erigiu a forma diferida como regra básica, relegando o instrumento para casos de exceção: houve um recuo de décadas.

Como aludido em artigo anterior, a decisão interlocutória deve ser esgrimida com o agravo retido, que se organiza e tramita no juízo originário, permanecendo encartado na ação até viagem vertical em caso de apelação.

O agravo de instrumento, que antes era interposto diretamente no segundo grau, agora apenas galga as barras do tribunal quando se cuide de providência urgente, ou seja, quando o veredicto cause à parte lesão grave e de difícil reparação; e se assim não entender o relator, a insubordinação retorna às origens para ali merecer a tramitação regular.

A primeira dificuldade para o intérprete é a legislação trabalhar com conceitos abertos ou vagos, como os que enfeitam as hipóteses clausuladas (gravidade da lesão e sua irreparabilidade); o que não é estranho na prática forense, devendo o magistrado preencher a indeterminação da norma ao examinar o caso concreto.

O dano irreparável já era conhecido nas ordenanças lusitanas como limite à ação judicial, entendido como a lesão que não pode ser emendado pelo juiz do despacho ou modificado oportunamente pelos meios regulares de direito.

Há uma justa inquietação dos operadores em questões de família com a reforma posta, que estrangula a imediata resposta a despachos tidos como prejudiciais à parte, com sua intenção em desviar a revolta para o estuário monocrático.

O desassossego não tem a dimensão trágica que alguns pintam, pois em direito de família é diminuta a relação de provimentos que não carecem de solução urgente.

Assim vai ocorrer com veredictos que obriguem ao exame genético nas investigações de paternidade, que não podem aguardar o desfecho da causa para ser concedidas ou rechaçadas, ou àquelas que propugnam pela saída compulsória de algum dos cônjuges do lar, que devem ser antecipadas para a circulação normal do processo.

Também as deliberações que fixam alimentos provisórios, que diminuem, majoram ou extinguem o pensionamento em disposição liminar, são iminentes em afetar a sobrevivência dos descendentes ou prejudicar a fortuna paterna, motivo por que não podem descansar no berço esplêndido do ócio, tal como ainda acontece com os decretos de prisão por inadimplência.

Embora o conserto legislativo não tenha ecoado de modo significativo nos repertórios forenses, não padece dúvida que o edifício das pretensões familiares será preservado das esperas e agruras do agravo retido, continuando a desembocar na distribuição dos pretórios a massa de insatisfações contra ditados que afetem as relações de família.

1.5. O ativismo judicial no Direito de Família

A angularização da demanda costuma representar as partes nas esquinas inferiores de um triângulo, e o juiz em canto sobranceiro; a figura significa a posição eqüidistante e imparcial que o magistrado mantém, cabendo-lhe a direção da pugna travada, para o veredicto final.

Embora veneração ao dogma das garantias constitucionais, sempre ressaltado por benquisto núcleo de operadores jurídicos e que coloca a mudez como conduta legal e democrática do decisor, não proclama heresia o entendimento que abraça versão contrária nas questões de família e nas transgressões penais.

É que ali, dispõe de poderes e atribuições que não são próprios aos outros julgadores, e se ampliam com outra índole investigatória na busca firme e direta da verdade escondida nos fatos; deixa de ser mero condutor do debate, como deseja o sistema dispositivo, para intervir com prudência e parcimônia na devassa da causa.

O juiz moderno não é expectador inerte ou *convidado de pedra*, como ensina a literatura, mas está munido de faculdades que permitem imiscuir-se no comando de diligências que favoreçam a persuasão, sem ficar refém da apatia dos litigantes.

A transição do liberalismo individualista para o Estado Social de Direito, assinala-se por substancial incremento na participação dos órgãos públicos na vida da sociedade; e no plano processual o fenômeno se traduz pela intensificação da atividade do juiz, cuja imagem já não se contém no arquétipo do observador distante e impassível da refrega dos digladiantes, ou simples fiscal incumbido de vigiar um jogo e apontar o vencedor.

Como o cenário nem sempre está iluminado, ou por que aos demandantes interessa deixar acontecimentos na sombra, seja ainda por eventual insuficiência na proposta da pretensão, justifica-se o uso diligente de alguns poderes de maneira mais espaçosa, notadamente quando se cuidam direitos indisponíveis.

Acentue-se que para alguns juristas essa atitude se reveste de natureza complementar em relação às partes, a quem toca, por gênese, o cumprimento dos ônus do processo; e que deve ser manejada apenas quando o conteúdo ofertado se revele carente e frágil para forma justa convicção.

A crescente publicização do processo, a instrumentalidade e efetividade constituem a tônica da nova ciência processual, que vislumbra o direito de ação como garantia cívica da justiça na missão de alcançar resultados práticos e eficientes, centrados no princípio do acesso à justiça.

Nesse sentido, o Superior Tribunal de Justiça observa que na fase atual do Direito de Família não se justifica o fetichismo de normas ultrapassadas em detrimento da verdade real, tendo o julgador a iniciativa probatória quando presentes razões de ordem pública e igualitária, como nas ações de estado; ou quando o juiz se encontre hesitante com o contexto produzido, ou haja significativa desproporção econômica ou sócio-cultural entre os demandantes.

O ativismo judicial, resguardada a imparcialidade e genuflexo ao contraditório, atende o perfil do processo contemporâneo.

1.6. Os conceitos vagos no Direito de Família

Em geral, a lei se utiliza de definições precisas, como um *ano* ou *patrimônio*; e, por outras vezes, de acepções lingüísticas chamadas de *conceitos vagos ou indeterminados,* expressões cujo referencial semântico não é nítido, carecendo de contornos claros e adimplemento judicial.

Conceitos legais indeterminados, pois, são palavras ou expressões indicadas na lei, de conteúdo e extensão altamente vagos e genéricos, que se relacionam com a hipótese fática posta na causa.

Como se vê, tais palavras pedem preenchimento valorativo, o que deve ocorrer caso a caso, cabendo ao juiz, no momento de fazer a substituição do fato à norma, aclarar a vagueza e dizer se a norma atua ou não no caso concreto, enfeitando-a com os valores éticos, morais, sociais, econômicos e jurídicos vigentes.

O Código Civil brasileiro revogado contemplava uma imensa variedade de concepções indeterminadas que diziam com realidades tais como *reparações urgentes, divisão cômoda, lugar de acesso perigoso, perigo iminente, boa-fé, bons costumes, abuso de direito.*

Ditas máximas também povoam o direito de família, que não está imune à regra; aliás, a própria idéia de *família* é plurivalente e vaga, pois entendida ora como célula da sociedade, ou conjunto de indivíduos ligados pela consangüinidade/ afinidade; ou indivíduos unidos pelo casamento e pela filiação; mas também comunidade formada pelos pais e seus filhos ou agrupamento natural vinculado por elemento espiritual; ou nicho que realiza o sentido material, intelectual e espiritual da pessoa; ou, finalmente, espaço de realização do afeto.

No rol dos conceitos vagos neste ramo jurídico aparecem outros, como a *comunhão plena de vida, moléstia grave, boa fama, insuportabilidade da vida em comum, crime infamante, bons costumes, modo compatível, procedimento indigno, culpa, lealdade, etc.*

Como se vê, o conteúdo de cada uma delas deve ser completado pela valoração filosófica ou histórica, antropológica, religiosa ou psicanalítica do magistrado no caso concreto ao praticar a respectiva subsunção.

2. Casamento

2.1. Cônjuge, companheira e o novo Código Civil

A Constituição de 1988 representou especial clivagem nos paradigmas do Direito de Família, notadamente quando substituiu o epicentro tradicional, calcado na valorização do *casamento,* para a apoteose das *relações familiares.*

A noção clássica de família consagrada no código sepulto, que representava a transição para o século XX ou da Colônia para a República, era patriarcal, *hierarquizada, transpessoal, matrimonializada e patrimonializada.*

O homem erigia-se como chefe do grupo, todos submetidos a sua autoridade, zelando pela paz doméstica, o casamento era relevado, tanto pelo reconhecimento apenas dos filhos legítimos como pela indissolubilidade do vínculo, o patrimônio protegido, tanto que Michele Perrot pintava àquela família como *nome, sangue, um patrimônio herdado e transmitido.*

Todavia, a urbanização, a mudança dos costumes, a intervenção do Estado em certos setores e a industrialização constituíram fatores que feriram o poder marital, permitindo à mulher e aos filhos deslocar-se para outras atividades, ganhando autonomia e igualdade.

Adota a família, daí, o modelo eudemonista, onde cada integrante busca nela sua realização e bem estar, privilegiando-se a igualdade de direitos e sexo, uma verdadeira *funcionalização das entidades familiares e despatrimonialização das relações entre pais e filhos.*

A instituição da união estável como um dos gêneros de família, pela Carta Federal, sistematizou pletora de leis extravagantes e convalidou repertórios jurisprudenciais favoráveis ao concubinato.

A regulamentação do dispositivo constitucional pelas Leis nos 8.971/94 e 9.278/96, de forma gradual, atribuiu à companheira direito à meação, desde que provado esforço comum; usufruto de parte do patrimônio herdado pelos descendentes do convivente falecido, direito de continuar no imóvel onde residia com o parceiro, direito sucessório à totalidade dos bens na ausência de herdeiros e alimentos, garantias legais que muitos consideravam superiores às da esposa..

Agora, diversamente, o novo Código Civil foi avaro e injusto com a concubina, deixando de prever regalias com que tinha sido aquinhoada.

Os alimentos foram mantidos (CC, artigo 1.694), que cessam, entretanto, com o casamento, união estável ou concubinato da beneficiada (CC, artigo 1.708).

Quanto à sucessão, a companheira apenas participa quanto aos bens havidos de forma onerosa na vigência da união e em concorrência e proporção com os descendentes ou parentes, apenas recolhendo a totalidade quando inexistirem herdeiros sucessíveis (CC, artigo 1.790).

Assim, se o companheiro tinha apreciável patrimônio de raiz, que a mulher ajudou a manter, mesmo que longo o convívio, nada se carreará para ela.

Não há previsão do usufruto vidual, em vista da concorrência hereditária, nem do direito real de habitação, embora os exegetas o continuem a aceitar.

Destarte, neste âmbito o novo estatuto deu um passo atrás, o que pode ser corrigido pela ação dos tribunais ou aprovação das numerosas propostas de mudanças que tramitam no Congresso, já que a união estável não é *menos valia* em relação ao casamento ou à família monoparental, mas entidade familiar constitucionalizada.

2.2. O regime de bens e sua alteração

Como uma das mais expressivas trocas, o diploma material prescreve que é admissível a alteração do regime de bens, mediante autorização judicial em pedido motivado de ambos os cônjuges, apurada a procedência das razões invocadas e ressalvados os direitos de terceiro (CC, artigo 1.639, § 2º).

A modificação do sistema coloca o país em igualdade com outros que já haviam adotado similar procedimento, atendendo à reclamação da doutrina que há muito predicava o alinhamento da legislação civil, tanto pela igualdade constitucional como pela superação da inferioridade feminina, além de que os cônjuges desconhecem o exato sentido do regime que adotam no matrimônio.

Os argumentos contrários sustentavam a possibilidade de fraudes e engodos, o prejuízo de terceiros e indevidas vantagens patrimoniais de um parceiro em relação ao outro.

Através de petição conjunta contendo as razões do propósito, e que devem ser adequadamente fundamentadas, os cônjuges propõem em juízo a reforma do regime de bens, seguindo-se a intervenção do Ministério Público, e arremate com a decisão judicial que atende ou não a postulação, na esfera de sua discricionariedade.

O deferimento é averbado no assento de casamento, e para que produza efeitos em relação a terceiros, também será anotada no ofício imobiliário do domicílio dos consortes, estando afastados do provimento legal os que se uniram pelo regime da separação obrigatória de bens, salvo tenham suplantado as causas suspensivas que os encaminharam ao regime.

A reiteração judicial dos pedidos construirá a jurisprudência referencial sobre os critérios e hipóteses para as futuras demandas.

A questão controvertida repousava na possibilidade de que iguais direitos tivessem os casais que celebraram núpcias antes da vigência do Código Civil, frente ao que proclamavam as disposições finais e transitórias, cuja redação determinava o diploma revogado como fonte do regime (CC, artigo 2.039).

Uma melhor exegese remete à conclusão de que o legislador quis enfatizar o resguardo do direito adquirido e do ato jurídico perfeito, pois aconteceram mudanças nas regras de cada regime, em relação ao que antes se ditava: ou seja, quem casou sob a égide do pergaminho de 1916 deve manter simetria com o regime ali desenhado e não das normas novidadeiras, com fidelidade à estrutura interna original.

Assim se firma o entendimento de que é cabível a modificação do regime de bens convencionado, mesmo para quem festejou matrimônio antes de janeiro de 2.003, o que pode ser aferido por recente julgado (TJRS, APC 70006423891).

2.3. Adoção dos sobrenomes das linhagens femininas

Interessante assunto perpassou pelo tribunal gaúcho, a respeito da composição do nome de uma criança, cujos pais pretendiam registrar, como sobrenomes, apenas os apelidos de suas linhagens femininas, o que, aparentemente, conflitava com normas legais.

O artigo 55 da Lei 6.015/73 dispõe que cabe ao declarante do nascimento indicar o nome completo da criança que pretenda registrar, a tal ponto que o serventuário apenas lançará os apelidos do pai e da mãe, após o prenome eleito, quando o declarante não apontar o nome completo; no caso julgado os pais sublinharam que a filha se chamaria "N" e acresceram patronímicos familiares, um do lado paterno e outro materno, mas somente os da linha feminina, e que, por óbvio constituem partes da comunidade genética, eis que as famílias já não se estruturam somente com a moldagem masculina, mas também do conteúdo feminino, afastado o tempo patriarcal.

Ou seja, quanto ao registro, as famílias não se organizam somente das terminações viris, mas também dos orientes venusinos, em busca da igualdade constitucional, o que já ganhou relevância em julgamentos onde se valorizou a possibilidade de filhos quedarem com o sobrenome materno de solteira em suas certidões, quando a mãe haja se divorciado e assumido nova relação afetiva.

A importância dada ao nome do pai, colocando seu apelido em último lugar no registro, é debitada a um mero costume e não a alguma prescrição legal imperativa; aliás, como se viu acima, já que a tradição brasileira exige em primeiro o nome da mãe, depois o do pai, o que não ocorre, por exemplo, nas regras hispânicas que situam o nome materno no final, enfatizando a referência feminina pela sacralidade da concepção.

O costume importa como fonte de interpretação e do processo civilizatório e da cultura, mas não constitui obstáculo para uma exegese progressista adaptada à modernidade e ao dinamismo da vida comunitária, que cria novas exigências; e impõe outros paradigmas, além de proporcionar a satisfação dos pais que têm seu fruto afetivo colorizado pelos matizes de seus anseios, como o direito autoral de obra de amor.

A ação judicial exige uma visão teleológica e instrumental, sedimentada nos princípios que norteiam a Carta Magna, colocados como avatares de sedimento e fronteira dos veredictos judiciais, e aqui ressaltam apropriados o respeito ao princípio da dignidade humana e da igualdade.

O nome é para a pessoa mais que simples designativo, mas um signo de sua referência, a especialidade perante os outros indivíduos, é sede de seu amor-próprio, suporte da identidade social e subjetiva, que *humaniza* o sujeito do direito.

O nome é um projeto histórico, uma biografia em busca da concretude e da realização.

Do direito à integridade moral na esfera da identidade pessoal, familiar e social da pessoa, decorre a inclusão do nome civil como direito de personalidade, por indispensável para o próprio reconhecimento dela no meio em que vive, sem o que lhe faltaria respeito e proteção aos demais direitos fundamentais de sua existência; e note-se que a amplitude da identidade social que extrapola o círculo familiar para abranger a vivência profissional, política, religiosa, lingüística e cultural, elementos essenciais de participação do indivíduo na coletividade, pois o homem é um ser eminentemente político, eis que o direito à identidade incide sobre a configuração somato-psíquica de cada indivíduo, particularmente sobre sua imagem física, gestos, voz, escrita, retrato moral, recaindo, ainda, sobre a inserção socioambiental de cada um, segundo a doutrina (TJRS, EI 70009730953, j. 12.11.04).

2.4. O cônjuge e a pensão por morte

A pensão por morte é devida aos dependentes do segurado falecido, jubilado ou não, e corresponde à totalidade do valor do benefício que o mesmo percebia ou estava por receber.

O princípio que informa o direito ao benefício ancora-se na relação de dependência, cujo pressuposto é a existência e prestígio da entidade familiar, núcleo com especial afago da proteção constitucional.

Há uma primeira linha de preferência, constituída pelo cônjuge, ou companheiro ou companheira, ou filho não emancipado ou inválido, onde se preserva a igualdade entre os descendentes, sem interessar sua origem (legítimo, adotivo), sublinhando-se que os integrantes deste rol não precisam provar a dependência, que é presumida (Lei nº 8.213/91).

A maioridade civil, ora diminuída pelo novo código, não afeta a legislação previdenciária cujo limite ainda está em vinte e um anos; também o sentido de invalidez não se liga ao conceito de incapacidade civil, mas apenas na impossibilidade da pessoa manter-se pelo trabalho.

É polêmica a inclusão do menor sob guarda, que foi excluído pela Lei nº 9.528/99, havendo decisões que o mantém, ao abrigo da interpretação da Carta Magna (CF, artigo 227, § 3º) e do Estatuto da Criança e do Adolescente (artigo 33, § 3º).

Não havendo dependentes preferenciais, o direito se transfere ao pai, irmão não emancipado menor de vinte e um anos ou inválido, agora afastada a pessoa designada, pois a existência de uma classe exclui a outra.

Assim, em primeiro lugar está o cônjuge, ou seja, aquele que se vinculava ao segurado pelo casamento e que com ele convivia por ocasião da morte.

Também dispõe do direito o cônjuge separado judicialmente ou de fato, como ainda o divorciado, desde que lhes tenha sido reconhecido o direito a alimentos, o que configura a dependência econômica.

Contudo, mesmo o cônjuge separado judicialmente, ou divorciado, que tenha dispensado os alimentos na ruptura da sociedade conjugal, pode postular a pensão por morte, desde que demonstre a subordinação econômica ao segurado de quem se afastou, posição já admitida para o desquitado (Súmula nº 64, TFR); semelhante entendimento colhe o cônjuge ausente, e com a mesma exigência, que passa a auferir o benefício somente depois da habilitação.

Na distribuição do benefício há uma concorrência entre os dependentes previdenciários; todavia, se o filho atingir vinte e um anos, apenas haverá reversão de sua cota à mãe quando ela tenha obtido sucesso na demonstração de sua dependência econômica em relação ao segurado.

2.5. Corretagem matrimonial

Os compêndios sobre a origem da sociedade revelam que a natureza gregária do homem não desborda, também, de um ajuste entre os primeiros integrantes do grupo, como forma de solidária proteção e garantia da paz.

A necessidade de algum pacto para acerto de divergência é fato constante na evolução da comunidade humana, que não abdica da prática da combinação para ultimar qualquer negócio ou compor alguma divergência: ou seja, o contrato é sempre o sinal e timbre de tráfico social, e ocupa lugar de proeminência no fazer jurídico.

È nele que o acordo de vontades se materializa, mas o princípio de sua intangibilidade tem sofrido temperamento, tanto que cabe à atividade estatal intervir quando alguma de suas cláusulas é perniciosa, cause perigo ou prejuízo para o sujeito mais vulnerável ou indefeso.

Consoante a doutrina, o casamento é um negócio jurídico complexo, que além de sua estrutura institucional, tem feição contratual que encerra um acordo de vontades sobre a vida futura, os compromissos de respeito a direitos e deveres, a educação dos filhos, e outros.

Em vista de sua natureza, o matrimônio não fica infenso ao contrato de corretagem, onde uma pessoa se obriga a obter para outra, através de um instrumento de mandato, prestação de serviço ou outra relação de dependência, determinado objeto, produto ou negócio, segundo as instruções recebidas.

Daí não se estranhar a existência de terceiros ou agências que se oferecem para mediar a aproximação de casais, e que propalam a nobreza de seu intuito, pois voltado ao incentivo do matrimônio.

No caso, o candidato estipula suas expectativas e descreve seus anseios, e o corretor se põe a campo para lobrigar quem preencha o perfil almejado, favorecendo o contato dos interessados, o que exaure a atividade, sem implicar na concretização da boda.

Como se vê, não há restrição legal à corretagem matrimonial, mas contra ela se lançam anátemas morais, tais como os que se exalam contra as casas de tolerância, as dívidas de jogo, a prática da usura, a relação clandestina e outras que ofendam o senso comum.

Para a segurança da intermediação, o corretor deve agir com prudência e zelo, colocando o contratante a par da diligência, podendo responder por perdas e danos quando omitir o risco do negócio, ou alguma das particularidades que redundem em insucesso.

A remuneração ajustada, ou arbitrada segundo os costumes locais, é devida sempre que o corretor tenha obtido a meta prevista no contrato, mesmo que não se efetive em virtude do arrependimento; e ainda será devida quando o mediador for dispensado, mas os parceiros venham a entreter posterior romance.

Não se descarta a possibilidade de ação contra o intermediário por defeito no produto indicado, que burle os anelos do casamento ou logre os sonhos de felicidade.

2.6. A indenização pelo uso de bem comum

A separação judicial implica no estabelecimento de compromissos futuros, regrando-se o fim da sociedade conjugal mesmo sem extinção do vínculo matrimonial; nessa oportunidade cessam alguns deveres celebrados nas bodas, como coabitação, fidelidade e regime de bens.

Outros se mantêm, como a mútua assistência, o sustento da prole, a guarda dos filhos, todos pactuados no instante do dissídio consensual, ou ordenados pelo juiz, se a ruptura foi dramática.

Muitas vezes o casal resolve remeter a partilha dos bens comuns para ocasião posterior, situação que também ocorre no divórcio, sem que isso iniba o edito do cisma entre os consortes.

Nos eventos, a administração do patrimônio fica com o varão por viés cultural da antiga chefia do casal, fato mais freqüente entre empresários ou sócios cotistas, aonde sempre é mais demorada e dolorosa a divisão dos haveres.

Os tribunais procuram minimizar as agruras da mulher separada endereçando ao ex-marido o pagamento de alimentos provisionais em possível proporção com o que pudesse auferir das vantagens das ações da firma, obrigação que apenas termina quando a partição se concretiza; o que se constitui em medida paliativa que recompõe a condição de vida da parceira antes segregada.

Sucede nestas pelejas, ainda, que um dos integrantes do núcleo familiar fica ocupando o imóvel onde os cônjuges tinham domicílio; algum tempo após, ressuscitando velhas divergências e frustrações ou abrindo as feridas não cicatrizadas, o comparsa que teve de afastar-se do lar e agora com obrigações locatícias, decide propor demanda para receber alugueres ou indenização pelo uso que o outro faz do patrimônio comum.

A pretensão é repelida desde logo quando ali resida filho menor em companhia da guardiã materna e credor de alimentos paternos, pois se afigura situação de absoluta indiferença e desapreço ao poder familiar.

Entretanto a discórdia se instala quando o imóvel está ocupado pelo desavindo que superou a aflição do pleito judicial e que restaurou a vida financeira ou afetiva, cenário para o ajuizamento de ação para compensar o usufruto de que dispõe.

Aqui se costuma opor o instituto da mancomunhão, que protege o condomínio estabelecido nos bens pelo casamento; e que garante o direito de quem ainda não recolheu seu quinhão no acervo existente, pois o que ainda se acha em comunhão não enseja cobrança ou pagamento à pessoa que não exercita a posse direta, embora tenha o domínio (TJRS, APC 700 0881 0418).

Quando a partilha se ultima e cada um se agrega ao patrimônio próprio e individual, institui-se a possibilidade de exigir a retribuição pelo uso do bem, agora singularizado, inclusive com a estimativa de locativos segundo o mercado, ou de obtenção de verba indenizatória (TJRS, APC 700 1393 9053).

2.7. O débito conjugal e o dano moral

O cumprimento do débito conjugal é tema assíduo nas disputas forenses como causa da separação judicial ou tentativa de invalidar o matrimônio, havendo às vezes busca de indenização por eventual ofensa moral.

A legislação canônica tem o casamento como um contrato entre homem e mulher que objetiva a perpetuação da espécie humana, significando, ainda, como instituição, a partilha de vida, a constituição de família e o auxílio mútuo.

Assim, para proteger a dignidade da pessoa nas relações conjugais e na união estável são estabelecidas normas de ordem pública que contribuem para a manutenção harmoniosa do vínculo familiar; a frustração destas regras acarreta danos ao parceiro, que tem possível direito à reparação, como ocorre com os atos ilícitos oriundos de outras relações jurídicas.

A satisfação sexual é uma necessidade e prazer, que alguns entendem parte da fisiologia, e como o sistema brasileiro é adepto da monogamia, há entre os consortes os deveres de fidelidade e lealdade; daí a recusa reiterada e sem motivo inscrever-se entre as transgressões do casamento que afetam a integridade psicológica e auto-estima.

Em outros termos, a rejeição ao atendimento do *débito sexual*, nome retirado das cartas de São Paulo, é uma violação das obrigações da vida em comum e da consideração entre as pessoas casadas.

Para muitos juristas, a relação íntima é conseqüência do dever de coabitação, pois a vida em comum dos cônjuges sob o mesmo teto impõe o exercício efetivo dos congressos sexuais, até para melhor cumprir a pauta de tarefas consignadas na lei civil; mas é evidente, como diz um julgado, que embora *ninguém case só para isso*, muitas vezes *casa também para isso!*

Daí que a infração ao dever de coabitação pela recusa injustificada à satisfação do débito conjugal implica em injúria grave e ofensa à honra, respeitabilidade e dignidade do outro consorte, o que pode levar ao dissídio matrimonial, já que a obstinação ao *pagamento do débito* indica vontade contrária ao desejo de comunhão de vida.

Outros autores, contudo, repelem a exigência do contato genésico como fator essencial para a eficácia do casamento, pois na lei não se encontra imposto.

Embora sem registro nas hipóteses para a anulação do casamento por erro essencial sobre o outro comparsa, a recusa reiterada ao preito carnal assim já foi tida em repertório forense, outros somente a pensando como elemento indicativo da separação ou até do divórcio pelo decurso de tempo de afastamento a que é conduzido o cônjuge rejeitado.

Em resumo, a recusa permanente ao relacionamento sexual, após as núpcias e durante prazo expressivo, revela desconhecimento sobre a identidade psicofísica do outro cônjuge, tornando insuportável o convívio familiar, pois a reiteração da conduta, de forma imotivada, viola os deveres da coabitação e consideração do outro consorte, afetando o princípio da dignidade da pessoa humana e de sua imagem.

2.8. A bigamia

O estatuto criminal permite o tráfego entre preceitos que comanda e as regras que presidem a relação familiar, como verdadeira osmose, eis que há comportamentos anti-sociais que ofendem a harmonia das comunidades protegidas pelas normas constitucionais e são ali punidas.

Não se pode fazer, entretanto, uma equivalência linear entre os preceitos penais e a organização familiar, nem entre os princípios informadores da família e do combate ao crime: é que o âmbito criminal é iluminado pelo princípio da legalidade, motivo por que muitos axiomas repressivos não se aplicam à união estável, embora entidade familiar consagrada, assim como os ditados que protegem o *cônjuge* não se estendem ao *companheiro*, motivo por que recentes reformas pontuais têm inserido tal igualdade com freqüência.

Entre os delitos que ofendem a dignidade do casamento está a bigamia, que consiste em contrair novas núpcias sem que estivesse dissolvido o casamento anterior, ou celebrar-se outro matrimônio embora já sendo casado.

É bígamo quem realizou novo casamento, sem dissolver o vínculo matrimonial anterior por sentença de invalidação, morte do outro cônjuge, divórcio ou declaração de ausência, sendo considerado cúmplice quem casou com o bígamo sabendo a existência de casamento pretérito.

A lei subentende o ajuste de união e matrimônio entre pessoas de sexo diferente com finalidade de constituir família, o que impede seu endereço à união estável, em vista do princípio da reserva legal, que não admite a existência de crime sem lei anterior que o defina; como também é incabível na relação homossexual, aceita como relação livre, mas entre pessoas de mesmo sexo.

O Código do Império brasileiro, mirando-se no código napoleônico, impunha a pena de trabalhos forçados até seis anos;

depois, em 1890, sob o título de *poligamia*, o ordenamento penal definia o crime entre os cometidos contra a segurança do estado civil, com pena de prisão celular até seis anos, levando a imprecisão do termo a supor que a infração apenas ocorreria depois do segundo casamento (polígamo), defeito que foi corrigido na atual versão do artigo 235, CP.

Uma das pessoas pode estar de boa-fé, seja por desconhecer a situação civil do outro contraente, seja por que imagina que seu matrimônio anterior já se encontre desfeito por invalidação ou divórcio; também não se configura a bigamia se não resulta demonstrado através de prova irretorquível que, à época do segundo casamento, o primeiro ainda vigia, prova que deve ser feita pelo órgão acusador, persistindo o casamento vigente até que sua invalidade seja declarada no juízo cível em sentença transitada em julgado.

O casamento é *nulo* quando contraído por enfermo mental sem o necessário discernimento para os atos de vida civil ou por violação dos impedimentos (casamento de ascendentes com descendentes, seja o parentesco natural ou civil; casamento entre afins em linha reta; casamento entre o adotante com quem foi cônjuge do adotado; casamento dos irmãos, unilaterais ou bilaterais, e demais colaterais, até o terceiro grau inclusive; casamento entre o adotado e o filho do adotante; matrimônio de pessoas casadas; e casamento do cônjuge sobrevivente com o condenado por homicídio ou tentativa de homicídio contra o seu consorte), impedimentos que devem ser opostos, até o momento da celebração, por qualquer pessoa capaz ou declaração do juiz de paz ou oficial de registro que deles tiver conhecimento (CC, artigo 1.522 e parágrafo único).

O casamento é *anulável* de quem não completou a idade mínima para casar, de menor em idade núbil, quando não autorizado por seu representante legal, por vício de vontade, como a coação ou por erro essencial sobre a pessoa do outro cônjuge, do incapaz de consentir ou de manifestar seu consentimento de modo inequívoco; e realizado por mandatário, sem que se soubesse da revogação da procuração, e não sobrevindo coabitação entre os cônjuges, e por incompetência da autoridade celebrante (CC, artigo 1.550, I a VI).

O crime *não existe* se o casamento anterior for declarado nulo ou anulado, cessando desde logo todos os efeitos penais, pois a declaração da nulidade retroage *ex tunc*, tal como acontece no âmbito civil (CC, artigo 1.562); como também no caso de invalidade do segundo casamento por motivo diverso da bigamia, subsistindo o delito se o casamento anterior foi dissolvido por morte do outro cônjuge.

O casamento *religioso* que atender às exigências da lei para a validade do casamento civil equipara-se a este, desde que registrado, produzindo efeitos desde sua celebração (CF, artigo 226, § 2º e CC, artigo 1.515), assim ensejando a persecução criminal por bigamia de quem se matrimonie, embora antes tenha realizado casamento eclesiástico com fins civis.

Cuidando-se de *casamento inexistente*, como alguma solenidade realizada entre pessoas do mesmo sexo ou sem o consentimento de algum celebrante, não há crime a punir, pois não correu matrimônio anterior; a pessoa separada judicialmente não pode contrair matrimônio sem antes divorciar, eis que a sociedade conjugal somente se dissolve pela morte ou divórcio (CC, artigo 1.571, § 1º), e se casar neste estágio comete o delito.

A *separação* não dissolve o vínculo matrimonial, assim é passível de responsabilidade penal o separado que contrair novo casamento e o *divórcio* posterior do cônjuge que contraiu segundas núpcias, não constitui motivo que o isente do crime de bigamia, visto como ele não representa nulidade do matrimônio, hipótese em que expressamente deixa de ocorrer o delito.

Diversamente do que prescrevia o antigo credo civil, o novo código passou a admitir a *presunção da morte* como causa para a dissolução do casamento (CC, artigo 1.571, § 1º; antes, CC/1916, artigo 315, parágrafo único); ou seja, antes a ausência do cônjuge, por mais longa que fosse, não importava no desate do vínculo matrimonial, cabendo somente ao parceiro remanescente recorrer ao divórcio direto baseado na separação de fato, quando passou a existir na legislação, sem buscar a presunção da ausência que exigia, para a configuração da morte, um prazo de dez anos (CPC, artigo 1.167, II).

Os filhos havidos do casamento do bígamo, por óbvio, são tidos como legítimos, sem qualquer consideração à boa-fé do outro cônjuge, em vista de sempre se aplicarem a eles os efeitos civis do casamento (CC, artigo 1.561 e § 1º).

Como se observa, embora delito com pouca repercussão na estatística criminal, tanto que há projeto de expurgá-lo do código, tem insinuantes reflexos, inclusive no direito sucessório quando faleça o bígamo ou sua esposa, antes de dissolvida a sociedade conjugal.

3. União estável

3.1. Breve memória sobre o concubinato

· Conta-se que Santo Agostinho, antes de sua conversão, viveu durante quinze anos em união livre com Una, afirmando que... *e somente com ela, já que fui fiel à sua cama.*

A investigação histórica revela que remonta a milênios a existência de concubinas, mesmo quando aceita a poligamia, eis que a posse de uma única mulher era desairosa para o homem.

Antes da consolidação de Babilônia, alguns povos às margens do Eufrates, ao receber visitas, costumavam oferecer-lhes hospedagem, leito, mesa e suas próprias mulheres, anotando que tais pastores tinham vida sexual desregrada, pois a prática à deusa Milita significava estímulo ao espírito artístico, à produção, aumento de prole destinada aos exércitos e culto de inteligência.

Entre os hebreus proliferou a poligamia e Salomão, além de suas setecentas mulheres, ainda desfrutava de mais trezentas concubinas, havendo uma graduação entre a esposa, depois a concubina e, finalmente, a meretriz, o que acontecia também com hindus, persas e chineses.

Na Grécia, o concubinato era aceito, já que os cultos a Vênus e Adônis, ao exaltarem o sexo, almejavam os excessos sexuais, tanto que não havia distinção entre os filhos legítimos ou não; depois, com Licurgo e Sólon, adotou-se a monogamia, relegando as concubinas a uma classe regulamentada, aí estando a grande Aspásia, mestre em retórica, que sendo estrangeira (Mileto) e não podendo casar-se com Péricles, viveu em união com ele, tendo antes convivido com Sócrates e Alcebíades.

Em Roma, sob a influência dos hábitos babilônicos, aceitavam as seguintes como uniões, o casamento (*justae nupciae*, com os efeitos normais do *jus civile*), o casamento entre peregrinos (*jus*

A PATERNIDADE FRAGMENTADA

gentium ou sine connubio), a união de fato entre os escravos (*contubernium*) e a união livre (*concubinatus*, sem *consensus nuptialis*).

Era o concubinato uma comunidade mútua de vida, sem que a convivente desfrutasse de condição de mulher legítima, carecendo do *honor matrimoni* ou posição social, sendo a relação mais freqüente, sem qualquer efeito jurídico; o termo e suas derivações ganharam foros de honestidade, tanto que o Digesto veio a dar tratamento adequado à vida em comum, situação que se alterou sob Constantino, que considerou o companheirismo uma união ilegal.

Com o direito canônico foram reconhecidos direitos para a prole oriunda das uniões livres, desde que a concubina fosse desimpedida, única e mantida sob o teto, por toda a vida (*concubinatos legitimus*), e tolerada pela Igreja que a admitia quando o homem não tivesse esposa; entre os gauleses, celtas, germanos, visigodos, lombardos, aceitava-se o concubinato ou era tratado com regras rígidas.

As Ordenações traçavam diferenças entre a mancebia (concubinato) e o tráfego carnal, desde que a primeira se desse em mesa e leito comuns.

Na França, as relações foram tidas, por vez primeira, como sociedades de fato, com caráter comum, e proclamou-se o reconhecimento de filiação ilegítima desde que proveniente de concubinato notório, com o que se deu a certidão de batismo oficial ao concubinato.

As prescrições contidas nas Ordenações foram revigoradas pela Lei de 20 de outubro de 1823, editada após a Independência, daí surgindo diversas regras que cuidavam dos filhos oriundos de casamento religioso (Leis de 03.11.1827; 22.09.1828; 02.09.1847; 11.09.1861), seguindo-se a instituição do casamento civil (Lei de 24.01.1890), prestigiado pela Constituição de 1891, o Código Civil, as Súmulas 380 e 382 e legislação extravagante, com a Lei n° 6.015/73 (adoção do patronímico do companheiro), Lei n° 6.516/77 (adoção de regime para quem vivesse em comunhão de vida), Lei n° 7.210/84 (visita as preso pela companheira; e, saída dele em caso de morte ou doença da parceira), Lei n° 6.880/80 (companheira considerada dependente de militar), Decreto n° 75.647/75 (qualificação da companheira como dependente de funcionário federal), Decreto n° 73.617/74 (avaliação da companheira como dependente do trabalhador), Decreto n° 89.312/84 (qualificação da companheira como dependente do segurado urbano).

Após a Constituição Federal de 1988, que instituiu a união estável (CF, artigo 226, 3°), vieram as Leis n° 8.069/90 (adoção do filho de seu concubino por ambos os companheiros), n° 8.245/91 (direito de continuação da locação ao companheiro, por morte do outro ou por dissolução da sociedade como direito de retomada do imóvel locado); n° 8.213/91 (companheiro ou companheira dependente do segurado, com quem manteve união estável), Decreto n° 1.041/94 (reclusão do companheiro, como dependente na declaração de Imposto de Renda); além da equiparação da companheira à esposa em diversos textos (Lei 8.625/93, Leis Complementares 75/93 e 80/94, Lei n°s 8.112/90 e 8.868/94).

As Leis n°s 8.971/94 e 9.278/96 buscaram dar feição à união estável ou regulamentar a Carta Magna, culminando com sua inclusão no Código Civil (artigo 1.723).

3.2. A coabitação, como pressuposto da união estável

A codificação da união estável exige agora meditação adequada às exigências da nova lei, que, por isso, implicam posição que se persiga em casos similares, em que se busca definir as fronteiras entre o envolvimento afetivo prolongado e a entidade familiar protegida pela Constituição.

Proclama o pergaminho material que a união entre o homem e a mulher deva ser, em primeiro lugar, uma relação estável, ou seja, duradoura, demorada, distendida no tempo; não há estabilidade onde falta permanência, solidez, perenidade, deve ser um vínculo sólido, resistente, imorredouro, como apontam os lexicógrafos.

É verdade que uma ligação longa pode não ser uma união estável, como outra mais curta possa sê-lo desde que preenchidos os respectivos requisitos, a isso se vinculando a publicidade, que não admite a clandestinidade da demonstração do afeto, e a continuidade, que afasta pontos de oclusão e interrupções que a desnaturem.

Todavia, de todos os pressupostos legais, ressalta a necessidade de se flagrar o objetivo de constituir família, que se alia inquestionavelmente aos deveres inerentes ao casamento, como os de lealdade, respeito e assistência, guarda, sustento e educação dos filhos (CC, artigos 1.723 e 1.724).

Ora, se assim ocorre, a união de fato deve refletir-se no paradigma historicamente mais precoce, e, havendo vasos comunicantes entre eles, não se podem divorciar do conceito união estável alguns predicados do casamento.

Não é sem razão que o casamento estabelece uma comunhão plena de vida (CC, art. 1.511), e assim também se deve buscar na união estável o mesmo (CC, art. 1.723); impende, pois, que a comunhão plena de vida se materialize no desejo de constituir família, sinalizando os doutrinadores que o conceito de família é fluido, plural, tantos os perfis que se sugerem para as uniões, mas, sem dúvida, é a via de realização da felicidade do ser humano.

É certo que a coabitação não é predicado constante do texto legal e até se pode admitir a sua ausência por motivos excepcionais, como trabalho ou outras situações obstativas; mas o propósito de constituição de família exterioriza-se exatamente nessa vida em comum, sob o mesmo teto, aos olhos públicos e com afeição recíproca, como casados, mútua dependência econômica, contas bancárias conjuntas, parcerias em negócios e conjugação de esforços, verdadeira imitação do casamento na deferência e consideração entre esposos e mútuas atenções, enfim, a similitude com a sociedade matrimonial.

Daí por que esse elemento é fundamental, ainda que subjetivo, pois as vidas independentes, desvinculadas, desligadas ou desatadas, ainda que sob a égide do envolvimento sexual, mesmo duradouro, não determina o surgimento de união estável, carecedora da junção umbilical; e do enleamento definitivo, que faz dos consortes pessoas jungidas e que o destino de um haverá de afetar o futuro de outro.

É de lógica primária e tranqüila que, se excepcionalmente a invulgaridade confirma a regra, podendo a relação familiar erigir-se entre pares moradores de lares distintos, é virtualmente impossível que tal aconteça, ainda mais se agravada a distância entre as moradas, mesmo que situadas na mesma circunscrição municipal.

Embora a prova de um relacionamento amoroso longo, disse um acórdão, se os litigantes, mesmo descompromissados, habitam lares distintos, não há união estável, pois a morada comum é a configuração típica da vida de casados a que almeja dita entidade familiar (TJRS, APC 593120553), posição que foi reiterada em veredicto recente (TJRS, APC 70007395932).

3.3. A união estável e o dever de fidelidade

A Carta Magna vigente erigiu a família como paradigma do direito privado, em substituição ao reinado do matrimônio, valor civil proeminente no século passado.

Criaram-se as entidades familiares alicerçadas no casamento, na união estável e na comunidade monoparental; embora a topografia legal, o rol não representa qualquer menos valia ou privilégio de uma sobre outra, pois todas relevantes e dignas.

Ante a isonomia referida, a pergunta recorrente é se os deveres consignados para os cônjuges se estendem também aos companheiros: e se um deles pratica o adultério, há possibilidade de rompimento da união de fato por infidelidade, também com aplicação de reprimenda penal?

A leitura dos dispositivos atinentes a um e outro instituto deixa à calva a conclusão de que o casamento, além de constituir uma instituição social, é ainda um contrato, cuja *subscrição* impõe deveres e concede direitos previstos desde sua chancela; e a união estável é uma relação de fato, com estrutura informal, que até pode se iniciar por pacto de convivência, embora não seja a regra.

Anote-se que a lei civil prescreve a *fidelidade recíproca* como dever entre os consortes (CC, artigo 1.566, I), enquanto para os companheiros se almeja apenas a *lealdade* (CC, artigo 1.724), o que tem significado ontológico diverso.

Para alguns autores, a expressão agora adotada é mais abrangente e moderna, pois retira a conotação opressora da relação amorosa, enquanto outros acham que não existe entre os conviventes a obrigação do preito carnal à maneira atribuída aos cônjuges, mesmo porque não lhes impõe qualquer sanção capaz de tolher sua ruptura, como na sociedade conjugal.

Assim, a quebra do dever de fidelidade na sede matrimonial implica no *pedido judicial de separação* por violação das obrigações combinadas e dificuldade da vida em comum; enquanto que na união estável, a simples vontade de um ou outro parceiro pode determinar sua dissolução, sem perquirição de qualquer culpa, causa então rechaçada pela doutrina e jurisprudência, mas lamentavelmente renovada pelo legislador no pergaminho em gala: ou seja, os companheiros têm plena liberdade de corte em seu relacionamento, sem precisar de justificação e até independente de processo.

A questão, por isso, deve acomodar-se nos predicados de respeito e consideração próprios da relação humana, na valoração ética que sedimenta o sistema monogâmico, exigindo-se a fidelidade na união estável *para robustecer a idéia de casamento normal e como homenagem aos princípios morais da sociedade*, como já foi lecionado.

E no âmbito criminal não se cogita da prática de adultério entre os companheiros, pois este deslustrado ilícito penal está contido nos *crimes contra o casamento*, devendo a ação ser proposta com exclusividade pelo *cônjuge ofendido*.

Não há possibilidade de uso analógico ou interpretação extensiva para assemelhar as entidades familiares (casamento e união estável), eis que vigora no campo penal o *princípio da reserva legal* ou da *legalidade* (CF, artigo 5º, XXXIX e CP, artigo 1º), que inibe qualquer hermenêutica.

3.4. A união estável e o tempo

A finitude da vida impõe que a atividade humana esteja apegada ao tempo, e a mensagem bíblica adverte que há época para todo o propósito, nascer, morrer, colher.

Daí que o debate judicial persegue uma *cadência ordenada*, organizando-se em instantes temporais, até mesmo para manter o arranjo e preservar as garantias das partes, que se movimentam confiantes em direitos e obrigações.

Assim também acontece com institutos materiais cuja implementação preveja determinados lapsos, até mesmo em vassalagem ao viés cultural que para tudo espera o transcorrer do tempo.

O concubinato nasceu clandestino e por isso liberto de compromissos sazonais, mas ganhando dignidade jurídica e as parelhas se abrigando em tetos comuns, erigiu-se a necessidade de fixar sua duração, como pressuposto do reconhecimento.

As regras que surgiram para prestigiar a concubina, oriundas de fontes previdenciárias, ou para afiançar dependência ou outras vantagens, impunham o respeito a determinado tempo de vida conjunta, um limite ou termo, cuja transgressão afastava o benefício buscado.

O surgimento da união estável, vestida com honor constitucional, trouxe a necessidade de edificar balizas que abrangessem a nova entidade familiar, pois os requisitos então desenhados apenas se encorpavam com o molde da permanência e distensão.

Nesta trilha, a Lei nº 8.971/94 estabeleceu o prazo mínimo de cinco anos para caracterizar a existência de uma união estável, o que não foi repetido pela Lei nº 9.278/96, nem pelo novo estatuto civil (CC, artigo 1.723), ordenamentos que não supõem qualquer lapso para o convívio informal.

Alguns sustentam que a Carta Magna não estipula tempo de duração, descabendo ao legislador ordinário fazê-lo, redargüindo-se, em contrário, que a Carta apenas traça normas fundamentais, tocando à lei ordinária completá-la; outros, achando que a continuidade transmite a impressão de convivência séria, enfeitando sua finalidade.

Os tribunais agem de modo pendular, ora indicando o prazo de cinco anos como ideal, pois consagrado pela consciência jurídica nacional, como ocorre no Rio de Janeiro através do enunciado quatro, ora optando por dois anos, por assemelhar-se com etapas para separação ou divórcio, como em São Paulo; também ainda sem considerar-se eventual perenidade, mas cumprimento dos requisitos legais, segundo o tribunal gaúcho.

Na verdade, uma longa relação pode não ser união estável, mas namoro provecto, e um afeto curto, sim; contudo não se deve esconder que a *"união"* para ser *"estável"*, segundo os dicionaristas, deve ser assente, firme, fixa, sólida, permanente, que não varia, inalterável, restando expresso o intento de constituir família.

E isso apenas se desvela em trato duradouro, salvo situações teratológicas como a morte prematura ou acidental de um dos parceiros ou acordo entre os conviventes de breve período.

3.5. O contrato de convivência

Algumas décadas passadas, em vista da inflexibilidade dos costumes sociais e dos estigmas que recaiam sobre os descasados, complicada era a situação da mulher que resolvia entreter romance com um *homem desquitado.*

A rigidez da educação paterna, a impossibilidade da rescisão da sociedade conjugal por inexistir ainda o divórcio, os preconceitos das famílias que criavam as filhas para o matrimônio com véu e grinalda e festa na igreja, eram embaraços que impediam a realização dos sonhos de muitos enamorados.

A solução engendrada por muitos escritórios de advocacia era formalizar um *contrato de vida em comum*, com cláusulas bastante expressivas, como os deveres de fidelidade, respeito, assistência futura em caso de dissolução da parceria, guarda de filhos, alimentos, testamentos; sendo curioso que uma das obrigações era a de colocar a moça como dependente no clube mais importante da cidade, pois a peça valia como um atestado de legitimação do convívio.

Com a instituição constitucional da união estável aquele concubinato ganhou foros de reputação comunitária, com o reconhecimento de alguns direitos que vieram se aprimorando com leis posteriores.

Assim todos os bens móveis e imóveis adquiridos a título oneroso pelos conviventes durante da união eram considerados comuns e em condomínio paritário, salvo estipulação em contrato escrito, significando a adoção do regime da comunhão parcial caso a parelha não dispusesse em contrário (Lei nº 9.278/98, artigo 5º).

O credo civil vigente abrigou a disposição ao prescrever que as relações patrimoniais entre os companheiros seguem o regime da comunhão parcial de bens, salvo contrato escrito (CC, artigo 1.725), afastados os bens havidos de forma gratuita, como heranças e doações.

A aparente simplicidade da regra implica em diversas ingerências dos doutos, como a exigência da forma escrita e não verbal, a possibilidade de concretizar o acerto como convenção, escritura pública, contrato particular, registrado ou não no ofício de títulos e documentos, havendo até provimento a orientar os notários.

Procura-se afastar analogia com o *pacto antenupcial* de que difere substancialmente, à vista da abrangência de suas intenções, mesmo por que o pacto de relacionamento pode ser subscrito antes ou depois da união dos conviventes e sofrer adaptações ou mudanças ao alvedrio do casal.

Na questão patrimonial se podem elaborar arranjos sobre o destino dos bens pretéritos e futuros, ordenando apenas sobre parte do acervo, sistematizando as ações e ativos financeiros, até mesmo em combinações simultâneas.

Para alienar os bens registrados em nome dos companheiros, alguns autores recomendam a autorização do outro, afirmando-se, em sentido oposto, que tal regra é própria do casamento e não se estende à união estável, mas, por prudência, para preservação de interesses de terceiros, recomenda a ciência do convivente do proprietário.

Os contratantes maiores de sessenta anos, que no matrimônio devem observar o regime da separação obrigatória de bens (CC, artigo 1.641), segundo tratadistas de renome, não sofrem a mesma restrição na união estável, pois se assim desejasse, o legislador teria aconselhado incidir na união de fato os axiomas próprios do casamento, significando que podem avençar da maneira mais ampla e conveniente.

Finalmente, contrato de convivência aceita cláusulas sobre alimentos, futuro dos filhos, administração dos bens, enfim, leque bem mais alargado que o pacto antenupcial.

3.6. União estável e separação obrigatória de bens

O casamento é a atividade complexa e contratual, que afirma no pacto dos nubentes os seus direitos e obrigações, tocando-lhes a subscrição do regime de bens quando formalizam a intenção matrimonial; isso não acontece na união estável, que sendo mero fato jurídico, apenas deduz a agenda de compromissos após a declaração de sua existência.

As relações patrimoniais entre os companheiros podem ser acertadas em contrato escrito, que não tem semelhança com o pacto antenupcial, permitindo embutir nele outras cláusulas sobre a convivência, desde que não afetem os deveres estatuídos no código; não havendo combinação expressa, vigora a comunhão parcial.

Embora essas entidades familiares tenham assento e isonomia constitucional, sempre se procura interpretação simétrica entre os institutos quando se cuide de estender prerrogativas dos cônjuges que não foram contempladas para as uniões livres.

Indaga-se, então, se os conviventes sexagenários estão obrigados a observar o regime da separação obrigatória de bens como ocorre com as pessoas que se casam naquela idade, e aqui por imposição legal.

Os antigos civilistas justificavam a vedação aduzindo que nesta faixa etária os matrimônios já não atendiam o *impulso afetivo* que conduz ao casamento habitual, retórica que colocava os consortes experientes ao nível de jovens irresponsáveis; também sugerindo uma presunção de incapacidade absolutamente falaz e sem correlação com qualquer outra verdade experimentada ou valor.

O muro empedernido da proibição abalou-se, em primeiro, com a promulgação de verbete que reconheceu a comunhão dos acréscimos patrimoniais advindos da vida em comum, embora a existência da separação obrigatória (STF, Súmula 377); posteriormente decisão do tribunal paulista admitiu a doação de bens entre pessoas casadas sob o abrigo desse regime; e aqui se afastou a nulidade de compra e venda de imóvel entre parceiros que celebraram a boda com cisão legal do acervo.

A tese, agora, está consolidada no pretório gaúcho, aonde se entende ser inconstitucional a restrição contida no código material, pois fere o princípio solar da dignidade da pessoa humana, consagrada como cânone maior do ordenamento pátrio; outrossim, não tem sentido a presunção de incapacidade por implemento de idade (APC 70004348769).

Embora ditada em relação matrimonial, acabou por obter ressonância no âmbito da união estável, sublinhando-se em outro julgado que até o próprio estado condominial que vigora entre os conviventes sugere a existência de um esforço conjugado na aquisição do patrimônio (APC 70004179115).

É difícil imaginar que alguém aos sessenta anos, na plenitude da maturidade intelectual e no vigor da higidez mental, desconheça as conseqüências do ato que endossa, justamente no tempo que celebra a longevidade e onde os idosos já compõem expressivo percentual da população sadia.

Assim, a jurisprudência progressista apenas contribui para dinamitar o edifício preconceituoso da segregação e da desigualdade, abrindo caminho para a breve manifestação legislativa, onde já pendem propostas de mudança desses preceitos arcaicos.

3.7. O companheiro e a pensão por morte

A lei de benefícios previdenciários estabelece que a pensão por morte do segurado que falecer, aposentado ou não, será devida *ao conjunto de dependentes* dele, que receberão proventos correspondentes ao valor a que teria direito, quando de seu óbito.

Para tanto, formam-se duas linhas de preferências, uma delas constituída por cônjuge, companheiro e filho não emancipado ou inválido; e a subsidiária, composta por outros parentes, reiterando-se que o benefício pertence a todos os integrantes de cada classe, desde que devidamente legitimados pelo preenchimento dos requisitos legais.

Assim, companheiro, ou companheira, é a pessoa que, sem ser^casada, mantém união estável com o segurado ou com a separada, conceito que não desborda da definição civil, que exige notoriedade, razoável duração, lealdade, enfim, interesse em constituir família.

Em sintonia, a regra extravagante prevê a relação entre homem e mulher, solteiros, separados judicialmente, divorciados, viúvos ou que tenham prole comum (LBPS, artigo 16 § 6º).

Abandonou-se a necessidade de um prazo de cinco anos de convívio, o que não se observa também no cânone material, tendo a jurisprudência construído que o direito independe da vida sob teto comum ou que o segurado mantenha o casamento, bastando a comprovação da união estável.

Como para o cônjuge, a garantia sedimenta-se na dependência econômica, que é implícita desde que provado o relacionamento, valorizando-se a entidade familiar.

O falecimento da companheira beneficiária da pensão instituída, que não tenha descendência com o segurado, determina a reversão da respectiva cota para a esposa dele, quando os proventos tenham sido cindidos no âmbito administrativo.

Quanto à convivência entre pessoas do mesmo sexo, a justiça estadual ditou que a relação homoerótica é união estável, instrumentada pela aplicação dos princípios da dignidade da pessoa humana, da proibição de discriminação e da igualdade, além do uso da analogia e da acepção de entidade familiar, forjada nos tribunais superiores.

E a justiça federal, antes disso e atendendo ação civil pública, considerou o parceiro homossexual como dependente para todos os efeitos previdenciários, como consectário da demonstração do convívio.

Em obediência a veredicto judicial, a entidade previdenciária expediu provimento, alinhando os documentos que devem sustentar o pedido do benefício para o membro remanescente da parelha homoafetiva.

São eles: a declaração do imposto de renda, onde conste o interessado como dependente; testamento; escritura pública de dependência econômica; prova de domicílio comum; prova de encargos domésticos comuns; procuração ou fiança outorgadas; conta bancária conjunta; registro de associação de classe, com anotação da dependência; registro de ficha ou livro de empregados; apólice de seguro, onde conste o segurado como instituidor e o parceiro como beneficiário; ficha de tratamento em estabelecimentos de assistência médica, onde apareça o segurado como responsável; escritura de compra e venda de imóvel, adquirido pelo segurado para o companheiro; qualquer outro documento que leve à convicção sobre o fato a constatar, etc. (Instrução Normativa, INSS, 25, de 07.06.2000, D.O. 08.06.2000).

3.8. O estado civil do companheiro

As uniões de fato acompanham a gênese humana e se mostram desde que o afeto brota como fonte de convivência e expressão da família.

Os efeitos da relação, e sua analogia com outros institutos, despertaram os tratos forenses, obtendo afago jurídico peculiar, fincado em legislação rente à realidade social e aos costumes da época.

A febre puerperal oriunda do partejamento da união estável trouxe questão que instiga os doutrinadores: a natureza do estado civil que identifica os integrantes da parelha, frente à igualdade constitucional entre as entidades familiares; e uma interpretação lógica que impõe camaradagem entre o matrimônio e a aliança livre.

Como sabido, o estado civil é qualidade da pessoa que deriva do casamento, e que projeta direitos e obrigações entre os cônjuges.

Dele remanescem os deveres inerentes à boda, a assistência recíproca, a atitude com os filhos, os alimentos, a partilha do patrimônio consoante o regime seguido, a sucessão funerária.

Ora, o agendamento dessas e outras seqüelas próprias do conúbio também encontram reverberação na união estável, onde estão esculpidas mesmas garantias, o que, a princípio, impele consideração horizontal.

Desta forma, quando um solteiro, separado, divorciado ou viúvo estabelece uma intimidade duradoura e pública, deveria adotar o estado de *companheiro*, que restaria encarnado em sua vida social, negócios, contratos empresariais ou de locação, em todas as situações que exijam seu perfil jurídico, até mesmo para assegurar eventuais direitos de terceiros; e no falecimento de sua parceira, culminaria o luto com a *viuvez*; ou retornaria ao estado de solteiro, caso ocorresse a dissolução judicial da união entretida, eis que inexistente a figura de *ex-companheiro*.

Embora sedutora e bem alinhada no âmbito exegético, a posição não está deificada na doutrina majoritária, eis que os companheiros somente têm aptidão em se relacionar exatamente pela ausência de impedimentos matrimoniais; o que não desvanece o estado original de solteiro, separado judicialmente, divorciado ou viúvo, termos que se ligam, como se insiste, no acontecimento nupcial e não fora dele.

Imagine-se homem casado, mas há muito separado de fato, que intente união estável com outrem, seu estado civil seria o de *casado* ou *companheiro*?

A conclusão prevalente é que não se institui um novo estado com a adoção do companheirismo, embora seu batismo constitucional; mas praxe que se pode aceitar para preservação da dignidade do relacionamento, embora sem eficácia absoluta.

3.9. A concubina desamparada

A proteção jurídica da união livre teve como obstetras o amadurecimento da sociedade, a elaboração dos pensadores e a arquitetura dos julgados, que de forma gradual e insinuante pulverizaram os contrafortes do preconceito, desobstruindo a abjeção infamante e sepultando a ignomínia.

Então remetida às vastidões do subúrbio ou ao exílio dos cortiços, também às orelhas dos riachos, a mulher avulsa que prestava o preito da servidão na alfândega dos sentimentos veio ganhando dignidade, erguendo-se do anátema, libertando-se do opróbrio, conquistando a consideração da lei.

Antes que os constituintes escrevessem a carta das garantias civis, a concubina que vivesse algum tempo com um homem, caso contribuísse de forma direta na aquisição de algum cabedal, quando separada e reconhecido seu estado, poderia recolher a fração correspondente ao seu esforço, tal como acontecia entre os integrantes de uma sociedade, mas no âmbito do direito das obrigações; noutra linha, e ao desabrigo, demandava pelo pagamento de seus serviços domésticos, aceitando indenização por cama, mesa e banho, quando não era empregada, sequer messalina, ridículo estipêndio que atribuía um salário mínimo por ano de convivência.

Depois de oitenta e oito erigiram-se as novas entidades familiares, e o concubinato subjacente transmudou-se em união estável, agora com as galas de instituto e honras de salvaguarda.

Nasce o direito a alimentos, e a partição dos bens com a bênção alcunhada de "contribuição indireta", forma de equilibrar a divisão dos acervos, e endereçada à companhia da casa, proteção, paz, cuidados com a prole, fatores que permitiam ao varão, lá fora, aquinhoar-se e entesourar.

Segue regulamento que alarga os benefícios, já não apenas a pensão alimentícia e o direito à meação, mas também acesso à herança com vocação hereditária e plenitude de partilha, além do usufruto da quarta parte dos bens, embora se limitando tais prerrogativas ao cumprimento de um período mínimo de cinco anos de coabitação e vida notória.

Após a provisão, ainda sustentada pela constante fotografia jurisprudencial, vem outro edito repetindo no rol de haveres do companheirismo os alimentos, direitos patrimoniais segundo o regime da comunhão parcial caso não houvesse pacto, usufruto dos bens e mais o direito real de habitação para manter a moradia no ninho ferido pelo decesso do parceiro; além de inexigência de prazo para a declaração do fato, possibilidade de conversão ao casamento e competência das varas de família para deslinde das controvérsias: foi o apogeu, olhado com inveja pelos que optavam pelo matrimônio.

A pletora de direitos, contudo, sofreu cirurgia reparadora no novo catálogo civil, que mouco à fecundação doutrinária e pretoriana, restringiu os direitos patrimoniais e sucessórios apenas ao patrimônio havido na relação, e em concorrência com descendentes e parentes sucessíveis; introduziu a verificação da culpa para a obrigação alimentar, extinguiu o usufruto vidual, talvez o direito real de habitação, criando a extravagante figura do "concubinato", consistente em contatos não eventuais entre homem e mulher, impedidos de casar, a que se vedam quaisquer garantias no âmbito da união estável.

Assim como antes ocorria com o concubinato impuro ou adulterino, sem direitos quando um dos membros da parelha ainda se mantinha no lar conjugal, o que afrontava a monogamia, é nebuloso o destino dos concubinos, já que as novas prescrições civis alteraram o conteúdo da sociedade de fato, o que os deixará ao desamparo.

Desta forma, oclusas as portas da união estável e comprometidas as fechaduras da sociedade de fato, é bom lembrar-se que a censurabilidade do adultério não há de conduzir a que se loculplete com o esforço e o afeto alheios exatamente quem deles se beneficia.

A vida moderna e a evolução dos costumes, inclusive no casamento, recomendam o exame dos efeitos da relação clandestina ao matrimônio, principalmente quando se espicha por longos anos e tem publicidade, onde a cicatriz criminal da bigamia deve impor sanção civil a quem o pratica.

Agora sem acesso aos alimentos ou patrimônio, salvante a relação putativa, é justo que os julgadores reexaminem, como no passado, a possibilidade do concubino usufruir indenização pela vida em comum, em patamares razoáveis pelo tempo de duração, em prestígio ao princípio da dignidade da pessoa humana, tal como recomenda o epicentro constitucional.

3.10. O companheiro e a locação

Martin Fitz Patrick e John Thompson viveram juntos até a morte prematura do último, então inquilino de um imóvel; discutiu-se em tribunal inglês, então, a possibilidade do primeiro permanecer naquele bem, como *esposo* do finado, ou até como *membro de sua família*; a primeira hipótese foi rechaçada, mas afirmou-se que o parceiro remanescente podia considerar-se com integrante da linhagem, pois a relação entretida era iluminada pelo afeto, amor e apoio recíprocos, sentimentos próprios da relação familiar.

Embora o exemplo envolva pessoas do mesmo sexo, sempre persiste a indagação sobre o destino da companheira após o falecimento do convivente, quando a parelha reside em casa alugada.

A tradição legislativa brasileira é tranqüilizadora, sendo inúmeras as regras protetivas para as pessoas em união livre, alterada, inclusive, a natureza jurídica do contrato de locação, que passou a ser tida como de intuito familiar e não mais pessoal.

Basta lembrar-se que decreto de 1916 permitia a rescisão de pacto quando o locador necessitasse do imóvel para pessoa que vivesse às suas expensas, aqui subentendida a dependência econômica da concubina, que, no linguajar provincial, identificava-se como *teúda* e *manteúda*.

Posteriormente restringiu-se a possibilidade apenas ao cônjuge (Lei n° 1.300/50), retornando-se à expressão genérica original (Lei n° 4.494/64); e novamente reduzindo-se a retomada e a continuidade da locação apenas ao consorte (Lei n° 6.649/79), embora previsse como beneficiários, em outros itens, os herdeiros necessários e quem vivesse em companhia e sob o sustento do locatário (art. 12, I).

A superação das idiossincrasias doutrinárias e jurisprudenciais vigentes deu-se com a constitucionalização das entidades familiares, o que refletiu na edição da Lei nº 8.245/91, que ressalta a liderança do cônjuge ou do companheiro na sub-rogação de haveres e deveres do acerto locativo, em caso de morte do locatário (TJRS, APC 7001235509), sem referência à subordinação financeira do último (art.11, I); aceita, ainda, a retomada para uso do cônjuge ou do companheiro do locador (art. 47, III).

E assegura que o convivente tem o direito de permanecer no imóvel, assim prosseguindo no contrato (TJRS, APC 70009392689), quando ocorra a dissolução da sociedade concubinária (art. 12), terminologia que deve ser ajustada aos conceitos estatuídos pelo atual credo civil.

Nas situações singulares é necessário alertar que o companheirismo precisa ser demonstrado com a prova dos requisitos que o código exige para a reconhecimento da união estável (TJRS, APC 70015151848); o que também deve ocorrer quando se trate de locação que abrigue alguma convivência homossexual, já cansadamente venerada como um espaço familiar.

Os tribunais acolhem, ainda, a legitimidade do companheiro para propor ação de consignação em pagamento de alugueres; e embora haja controvérsia, não são avessos à propositura de embargos de terceiro pela convivente abandonada, quando permaneça no prédio e não fora citada, em ações de despejo debatida entre o locador e seu ex-parceiro, para garantir sua posse direta.

3.11. União estável e conversão em casamento

A união estável foi erigida como entidade familiar que merece especial proteção estatal, mandando a carta federal que a lei facilite sua conversão em casamento.

O dispositivo constitucional obteve regulamento alguns anos após, recomendando-se que a transformação observasse tratativas no Registro Civil (Lei nº 9.278/96), orientação alterada pelo atual Código Civil, que remeteu a iniciativa para o âmbito judiciário (CC, artigo 1.726).

E que não foi bem acolhida pelos doutrinadores, pois o novo destino é fonte de atividade morosa e pouco ágil, fugindo ao propósito que engendrou a primeira regra.

Seria mais fácil a habilitação para o casamento na sede administrativa que a lerda tramitação forense do requerimento de conversão, o que tornaria a norma absolutamente inútil.

Alheia à discussão e antes que se travassem debates sobre as exigências a cumprir, a justiça gaúcha ditou o provimento nº 27/CGJ às varas estaduais com as diretrizes ritualísticas a ser pelos magistrados.

O procedimento começa com a petição dos companheiros ao juiz, instruída com a certidão de nascimento ou documento equivalente; e se for o caso, com peça onde conste a autorização das pessoas de que os parceiros dependam, ou ato judicial que o supra, constando, ainda, a opção quanto ao regime de bens e uso do sobrenome.

A seguir, é designada audiência, que não pode ser dispensada, para oitiva dos requerentes e duas testemunhas não impedidas ou suspeitas, para prova da união estável.

Nessa solenidade, os conviventes são inquiridos sobre a duração do relacionamento e existência de possíveis impedimentos que obstem a chancela de seu desejo; como não serem, um e outro, ascendentes e descendentes, afins em linha reta, adotante e ex-cônjuge do adotado; ou esse com quem o foi do primeiro, irmãos entre si e colaterais até o terceiro grau, adotado com o filho do adotante ou cônjuge sobrevivente com o condenado por homicídio tentado ou consumado contra seu consorte, fatos que também constituem obstáculos ao casamento.

No processo é facultada a participação de quem conheça algum dos impedimentos acima arrolados ou que pense noticiar a vigência de casamento ou de separação judicial de algum dos interessados, ou de ambos; a intervenção do Ministério Público é obrigatória, ficando dispensados os editais e proclamas.

Depois de estabelecer o termo inicial da união estável e homologar o pedido de conversão, o juiz ordena seu registro no assento civil respectivo.

4. Filiação e poder familiar

4.1. A paternidade fragmentada

O progresso científico e a evolução dos costumes foram atropelos que mudaram os paradigmas da paternidade e da maternidade, antes assentados na procriação, na filiação e no prazer.

Para hoje gerar-se, não é preciso a relação sexual, o parto pode ser operado por outro útero, os bancos de sêmen contribuem com material para substituir a participação masculina, os filhos têm diversas mães, o que se deve a recomposições familiares, à adoção, às técnicas de reprodução assistida, aos arranjos derivados de novas uniões, ao divórcio.

A regra geral é ter-se uma mulher que contribui com óvulos e útero gestante, enquanto o homem adere com seus espermatozóides, o que, através do congresso genésico, origina um ser com um pai e uma mãe.

Agora, vislumbre-se a hipótese em que a mulher não possa conceber, em vista de estenose ou seqüelas de inflamação íntima, sendo seu marido fértil: embora ela produza óvulos, o casal terá de recorrer à fertilização assistida homóloga, gerando uma criança que terá de se abrigar num útero de substituição, tendo assim um pai e duas mães (a biológica e a substituta).

As recombinações são inúmeras, sempre se considerando a mulher, participando ou não com útero e óvulos, o marido com a contribuição ou não de espermatozóides, a mãe substituta que apenas leva a gravidez a termo e os bancos de sêmen e óvulos.

Na hipótese que a mulher não produza óvulos e não possa acolher o embrião, que seu marido seja estéril, mas desejando filhos, teriam de conseguir alguém que gestasse o ser concebido com o sêmen e óvulos de terceiros; e tendo-se a curiosa situação de uma criança com dois pais, um biológico doador dos espermatozóides e outro jurídico que promoveu o registro civil, e três mães, a biológica que cedeu os óvulos, a substituta que contribuiu com o útero de substituição e a jurídica, que deu o nome ao novo ser!

Quanto à paternidade não haveria maiores problemas, por que a doação de gametas masculinos é sigilosa, apenas a clínica de fertilização conhece a identidade do doador, o que pode somente revelar às instâncias judiciais quando ocorra situação de uma grave moléstia genética.

Já a maternidade pode determinar controvérsias, instalando-se um conflito entre três pessoas que desejam assumir a criança: muitas vezes se privilegia a mãe substituta que desenvolveu afinidade com o nascituro durante a gravidez, que fez o aleitamento, isso se tiver condições de criar e educar.

Em outras ocasiões, a preferência é da mãe biológica, pois a genitura de substituição foi mera hospedeira, parte de um contrato gratuito entre parentes até o segundo grau, valorizando-se mais a contribuição dos gametas.

Mas também há decisões favorecendo a filiação socioafetiva, ou seja, de quem assumiu e levou adiante o sonho da maternidade, até mesmo aceitando estranhos na busca do cumprimento de seu desejo.

Em suma, é preciso examinar-se o caso concreto, considerando-se a vontade de quem externou o sentimento materno, e privilegiando-se o maior interesse da criança, o que se constitui em garantia escrita na Carta Magna.

Assim restam abalados os critérios tradicionais de que pai é quem convola núpcias e de que a mãe é sempre certa.

4.2. A inseminação póstuma

Em agosto de 1981, Corine Richard encontrou o amor no jovem Alain Parpallaix, passando a conviverem. Poucas semanas depois da união surgiram sintomas de câncer nos testículos de Alain, que antes de submeter-se à quimioterapia, que o ameaçava com a esterilidade, optou em depositar seu esperma numa clínica de conservação de sêmen, para uso futuro.

Corine e Alain casaram-se *in extremis*, mas dois dias depois da cerimônia o varão faleceu; alguns meses depois Corine compareceu à clínica para ser inseminada com os gametas de seu finado esposo, mas os responsáveis pela empresa recusaram o pedido, por falta de previsão legal.

A jovem bateu às portas do Tribunal de Créteil, França, onde se discutiu a titularidade das células e a existência de um contrato de depósito que obrigaria o centro a restituir o esperma,; e alegando os médicos que não se cuidava de pacto de entrega, na medida em que o material da pessoa morta é uma *coisa* fora do comércio e no território francês não havia lei que autorizasse a fecundação póstuma.

Depois de longo debate, a decisão do tribunal condenou a clínica a devolver à viúva o sêmen reclamado, impondo uma cláusula penal por eventual demora.

Infelizmente a inseminação não teve sucesso, pois os espermatozóides já não mais estavam potencializados para a fecundação.

A possibilidade de aproveitamento do material depositado para uso depois da morte do doador é assunto controvertido nos diversos ordenamentos jurídicos.

É procedimento vedado nas legislações alemã, sueca, francesa; as regras espanholas também a proíbem, embora garanta os direitos do nascituro, desde que haja declaração feita em escritura pública ou testamento; as normas inglesas a aceitam, mas sem direitos hereditários, salvo documento expresso; a lei portuguesa também o interdita, seja no casamento ou na união de fato.

Além dos diversos problemas jurídicos, como estabelecer a quem cabe o direito de decidir sobre o esperma ou sobre o embrião depositado ou quais as responsabilidades da clínica de fertilização, uma das questões mais relevantes é que a criança assim nascida não se beneficia de uma estrutura biparental de filiação, está condicionada a uma família unilinear ou monoparental: ou seja, *o filho já nasce órfão de pai*, o que afetará seu pleno desenvolvimento, pois paternidade e maternidade constituem valores sociais eminentes.

Ou, como diz a literatura com propriedade, o recém-nascido é reduzido ao papel subalterno de continuador simbólico de uma vida conjugal prematuramente desfeita, pois uma paternidade artificial torna duvidosa uma maternidade que é bem real no plano biológico.

Incidência peculiar diz ainda, com os direitos sucessórios do descendente nascido através de técnica póstuma, achando alguns que se devam firmar os limites temporais dentro dos quais se poderá realizar, pois o inventário pode já estar concluído depois o nascimento tardio; como referido, a maioria das legislações que aceitam a inseminação póstuma afasta qualquer direito sucessório.

O Código Civil vigente, em solitário setor onde prestou homenagens aos temas do biodireito, estabeleceu que se presumam concebidos na constância do casamento os filhos havidos por fecundação artificial homóloga, *mesmo que falecido o marido* (CC, artigo 1.597, III).

Ao consagrar a inseminação póstuma feita com o esperma varonil, o problema parece residir na possibilidade de concepção acontecer após o falecimento e o nascimento superar os 300 dias seguintes à dissolução da sociedade conjugal pelo óbito, eis que dispositivo legal inibe a presunção de paternidade além deste prazo (CC, artigo 1.597, II).

A interpretação favorável, eis que não há dúvida sobre a origem do patrimônio genético, conduz à conclusão que o legislador quis garantir a possibilidade da mulher usar o material crioconservado após a morte do marido, devendo a paternidade ser atribuído ao finado esposo.

Quanto aos direitos sucessórios, o credo em reza diz que decorrem da filiação, mas somente estão legitimados a suceder as pessoas *nascidas ou já concebidas* no momento da abertura da sucessão (CC, artigo 1.798); o que pode ensejar interessantes pendengas jurídicas, pois os filhos havidos por inseminação póstuma *ainda não estavam concebidos* no instante da morte do varão, entendendo outros, contudo, que não se podem afastar dos direitos hereditários.

É indagação que toca aos tribunais decidir.

4.3. O abandono paterno e o dano moral

A imprensa destacou decisão de tribunal mineiro que impôs o pagamento de quarenta e quatro mil reais a um cidadão que se exilou da atenção ao filho, privando-o de compreensão e ajuda.

O descendente fruíra de contato razoável até seis anos de idade, quando o nascimento de uma irmã de outro leito determinara o afastamento definitivo do genitor, embora quinze anos de continuados esforços para a revivescência do vínculo, fracasso que desembocou em clínica psicológica para minorar a desagregação causada pelo abandono.

O desenvolvimento do indivíduo perpassa por uma etapa biológica relacionada com enlevo maternal, seguindo-se instantes de consciência com a vida social, quando se apura pertencer a uma família, como titular e parceiro de afetos.

O conceito de família, por multidisciplinar e fluído, não se contenta apenas no agrupamento espiritual formado por pais e seus filhos, ou, para não fugir ao truísmo, numa célula da sociedade: é mais.

A família moderna é eudemonista, funcionalizada à dignidade de seus integrantes, onde cada um e todos buscam a plenitude de seu bem-estar e realização em grupo de companheirismo, solidariedade, diálogo, numa edificação psíquica e material em lugar de conexões intercambiantes.

Ou como se diz, uma esfera e mosaico de diversidades, refúgio afetivo e *"ninho de comunhão no espaço plural da tolerância"*.

Não é sem razão que a Carta Magna prescreve nos deveres da família um desenvolvimento pleno dos filhos, assegurando a dignidade da pessoa como valor proeminente; ou que a lei civil exija dos pais afeição, sustento, educação, defesa e preparação dos descendentes sob pena de destituição do poder familiar; e a regra criminal puna quem deixe de prover a assistência dos menores ou inaptos ao trabalho, faltando com os recursos necessários para a proteção do organismo nuclear.

Daí ser fundamental a função do pai, tanto que a psicanálise o considera como ocupante do *"lugar da lei"*, juízo que não se exaure na geração natural mas se agrega em unidade estrutural com o afago materno, criando-se uma relação transcendente de laços duradouros, onde o poder cede à afeição e o desinteresse ao convívio.

O âmbito jurídico se opunha à indenização do dano moral porque dor e a honra seriam sentimentos de valor inestimável e de difícil aferição monetária; todavia, até por previsão constitucional, hoje se considera suficiente o simples fato da violação, dispensando-se prova do prejuízo concreto.

Assim, a aflição sofrida pelo abandono paterno, que despoja o filho do amparo afetivo, moral e psíquico, permite o socorro de indenização por ofensa ao princípio da dignidade da pessoa.

Embora a decisão referida já tenha obtido espelho neste Estado, muitos juristas alertam para eventuais exageros em sua massificação, devendo haver comedimento no exame de cada caso concreto, ante a natural perplexidade jurídica que tais veredictos ensejam.

4.4. O castigo imoderado

A lei reproduz a época de sua edição e as forças sociais que conceberam seu conteúdo, pois é a expressão ideológica de um instante ou episódio; daí que o ordenamento civil revogado emprestava especial ênfase à presença paterna e sua hierarquia na gestão familiar, colocando a mulher em posição secundária e subserviente, tanto na administração do lar como no usufruto de garantias.

No lugar do extinto *pátrio poder* instituiu-se um *poder familiar* que compete a ambos os pais e não mais a um deles, durante o casamento ou a união estável, sujeitando filhos menores; e que se transfere com amplitude ao parceiro apenas na falta ou impedimento de algum genitor, pois nem o divórcio, a separação ou a dissolução da união livre são capazes de alterar as relações internas, salvo a companhia.

Aos pais cabe a educação dos filhos e sua criação ética e saudável; a representação para os atos da vida civil ou a assistência depois dos dezesseis anos; o consentimento para o matrimônio; a imposição de respeito, obediência e serviço, de acordo com a idade ou condição; e no âmbito de uma visão eudemonista ou integradora da família moderna, contribuir para a integração e felicidade daquele grupo nuclear.

O abuso da autoridade paterna ou materna, caracterizado por infração aos deveres apontados ou pela dilapidação do patrimônio filial, implica na perda ou suspensão do poder familiar, decretado por decisão judicial, após o devido procedimento, movido por algum parente ou agente público.

A violência doméstica é uma das chagas recorrentes no cotidiano forense, seja com ataque da esposa pelo marido, da mãe pelo filho, ou do descendente pelos pais, o que afeta a harmonia íntima e castra o desenvolvimento sadio e completo da personalidade do menor, exigindo a pronta mediação judicial.

As provas reveladas pela mídia costumeira são expressivas e suficientes para justificar a preocupação com o crescimento da brutalidade entre as estirpes e indispensável reprimenda.

Entre os fatores que comandam a perda do poder familiar está o de repreender com violência desproporcionada a conduta do filho.

A punição corporal foi pedagogia em tempos de submissão, e até se admite que os pais possam corrigir os filhos através de padrões persuasivos, como proibições ao lazer ou a outras atividades prazeirosas; mas não se aplaudem as agressões físicas ou psíquicas que tangem a matéria e expiam o caráter.

Daí por que os tribunais entendem que o castigo imoderado contra a pessoa dos filhos menores é causa de perda do poder familiar, de um ou ambos os pais, caso em que o infante é encaminhado a guarda de outro familiar ou de terceiro.

4.5. A mulher e a violência doméstica

Em época recente e instigada pela contumácia de episódios, uma comissão interamericana de direitos humanos responsabilizou o país pela negligência e omissão na profilaxia da violência doméstica.

Basta salientar que uma fração diminuta de delegacias especializadas do interior acolheu mais de cento e sessenta mil notícias de agravos físicos, e somente em algumas capitais outros cinqüenta mil registros de agressão à mulher foram anotados; consta que quinze mulheres são hostilizadas a cada segundo.

A banalização do fato inquietou a sociedade civil que, pela mobilização de diversos movimentos e organizações, conseguiu fosse partejada lei congressual, agora evocada com cerimônia e motim publicitário.

As regras noviças incursionam por diversos campos, intrometem-se em institutos variados, invalidam conceitos técnicos, desassossegam o direito posto, possivelmente no intuito de consagrar outro microssistema tão ao sabor da modernidade: é que os operadores jurídicos fogem da rigidez dos códigos e de suas mudanças graduais para abrigarem-se em estatutos interdisciplinares de maior flexibilidade, passíveis de alterações céleres ante a constante vacilação dos acontecimentos sociais.

Quedando-se a análise apenas no âmbito da persecução criminal, elevam-se algumas penas para retirar o exame da causa pelos juizados especiais, vedando a punição através de multas e a compensação com cestas básicas.

Em substituição, concede-se a alguns entes federados a possibilidade de instituir juizados específicos para a repressão da violência doméstica e familiar, com atribuição de processo, julgamento e execução das práticas ofensivas à integridade feminina, cujas audiências podem efetuar-se mesmo no horário noturno.

E até que haja a criação destas novas frações jurisdicionais, a matéria deve ser distribuída às varas criminais, a quem serão enviados logo as ações que tramitam perante magistrados competentes para as infrações de menor potencial ofensivo, qualificação ora desnudada nos preceitos inovadores.

A sedição legislativa não se contenta com essa breve maquiagem, mas aprofunda-se em endereçar poderes ao juiz para decretar prisão em flagrante e preventiva, suspensão ou restrição da posse de armas ou vedação de freqüentar certos locais; e de forma inusitada, ferindo os limites da competência, ainda lhe destina força para determinar o defenestramento do varão do lar, proibição de que se aproxime da ex-companheira e filhos e de celebrar contratos ou outorgar mandatos, recondução da ofendida à casa, restituição de bens subtraídos pelo comparsa.

E também prevê separação de corpos, modificação da guarda ou do direito de visita aos filhos, além prestação de alimentos provisórios ou provisionais, pretensões onde a cirurgia estética logrou inventar seara de dividendos para discussão e conflitos processuais, eis que ao juízo penal apenas se reservavam discórdias sobre condutas previstas no catálogo criminal.

Contudo não se desconsiderem vantagens e valores nela inscritos, como ainda ser o resultado de consulta e discussão nacional em seminários e audiências públicas.

Em suma, depois de proteger a intangibilidade física do adulto, criança, adolescente e do idoso com diplomas individuais de tutela, o legislador se apressa em venerar o clamor do gênero, seguro que tudo se solverá com a descompostura legal, deixando ao alvedrio dos tribunais a superação das inevitáveis osmoses jurídicas.

Mas como diz o texto bíblico, é hora de colher.

4.6. Adoção póstuma

A adoção atribui a situação de filho ao adotado, desligando-o de qualquer vínculo com os pais biológicos e demais parentes consangüíneos, salvo quanto aos impedimentos para o casamento; e se o ato for praticado por um dos cônjuges ou companheiros em relação ao filho do outro, persistem os laços derivados da filiação existente.

Tais efeitos começam, todavia, somente após o trânsito em julgado da sentença, exceto se o adotante falecer no curso do procedimento instaurado, quando o provimento judicial terá reflexo retroativo à data do óbito.

Cuida-se da chamada *adoção póstuma*, antes consignada no Estatuto da Criança e do Adolescente (Lei nº 8.069/90, artigo 42, § 5º) e agora domiciliada no novo Código Civil (artigo 1.628), que se concretiza após óbito do adotante no curso da demanda, quando já manifestara de modo inequívoco a sua vontade de adotar.

Embora possível inadequação do título, eis que não se trata de adoção *após a morte* do adotante, mas de procedimento que se exaure depois de proposta e com decesso emergente à causa, o tema leva dissídio em muitos de seus pressupostos.

É fundamental em qualquer hipótese que haja a *inequívoca manifestação de vontade do adotante*, ou seja, o claro desejo de acolher o menor ou adolescente, admitindo-se que o pudesse fazer também de modo verbal, em observância ao informalismo que deve timbrar as questões de menores, tudo sendo comprovado durante a respectiva ação.

É o caso registrado pela jurisprudência de pessoa que teve a guarda de um menor por vários anos e que faleceu sem herdeiros ou legatários, mas sem manifestação escrita, de que pretendia adotar dito infante: aqui, aberto o processo, e colhida prova testemunhal, comprovou-se que dita senhora atribuía grande afeto à criança e tinha a vontade de adotá-lo, somente deixando de fazê-lo por natural acomodamento, o que levou ao deferimento da adoção, embora póstuma.

Recente decisão do Superior Tribunal de Justiça deu interpretação extensiva ao dispositivo do ECA, aceitando que uma certidão de batismo onde um casal declarava o menor como seu filho, servisse de base para pedido de adoção endereçado pela viúva, mesmo que já falecido seu marido.

Neste caso, o casal criara o menino desde o nascimento, falecendo o varão antes de providenciar o rito de adoção; aliou-se o depoimento do advogado que já fora procurado pelo casal para regularizar o pedido e o carinho demonstrado para a criança, então com dez anos de idade.

O veredicto ratificou entendimento do tribunal gaúcho em dita ação, onde se proclamou que, mesmo não instaurado o procedimento exigido pela lei, já tivera início um *processo socioafetivo de adoção*, pois o casal apresentava a criança à sociedade como seu filho, além de levá-la à pia sacramental, afastando-se um formalismo incompatível com a norma constitucional que ordena sobrelevar os interesses maiores do infante (APC 70003643145).

Com isso também se tempera o rigorismo de alguns doutrinadores e pretórios então firmes em achar que a vantagem póstuma somente ocorre quando já instaurado o procedimento específico de adoção, sendo possível, pois, que a demanda seja proposta pelo cônjuge ou companheiro sobrevivente ou pelo interessado, mesmo que já finado aquele em cujo nome se registrará o filho adotivo.

Acrescente-se, contudo, que se vislumbrará o caso concreto e suas idiossincrasias processuais, medindo-se a proposta com o devido comedimento e prudência, ante os interesses envolvidos.

5. Investigação de paternidade

5.1. A recusa ao exame de DNA e o novo Código Civil

Uma das questões mais recorrentes nas demandas investigatórias é a conseqüência processual oriunda do comportamento da parte que se recusa a cumprir a prova pericial ordenada.

O novo diploma material, atendendo a lição dos tribunais, continuamente instigados a se manifestar, acrescentou preceito afirmando que não pode se aproveitar da recusa a parte que se nega a submeter-se a exame médico necessário (CC, artigo 231), bem como a recusa à perícia médica ordenada pelo juiz poderá suprir a prova que se pretendia obter com o exame (CC, artigo 232).

Entre as situações está a realização da perícia pelo DNA em ações para determinar a filiação, cujo reconhecimento é direito personalíssimo, indisponível e imprescritível, segundo ordem da legislação menorista (ECA, artigo 27).

A possibilidade de condução coercitiva do investigado, *debaixo de vara,* como nomeia a Suprema Corte, já fora afastada pelo Excelso Pretório, quando entendeu que a diligência ofendia a preservação da dignidade humana, da intimidade, da intangibilidade do corpo, do império da lei e da inexecução de obrigação de fazer.

É que ninguém está obrigado a produzir provas contra si, pois o patrimônio físico do indivíduo é assegurado constitucionalmente, não se podendo recolher célula, fragmento, líquido ou órgão, sem autorização da pessoa a invadir.

A recusa se resolve no plano jurídico-instrumental, segundo o pretório, consideradas a dogmática, a doutrina e a jurisprudência, no que voltadas ao deslinde das questões ligadas às provas dos fatos (STF, HC 71373, j.10.11.94).

O impacto inicial do novo exame de DNA fez com que os juízes, inicialmente, considerassem a recusa em fornecer o material como uma *confissão da paternidade*, sob o argumento de que a parte que se opõe furta-se a um resultado desfavorável, o que equivalia a confessar de modo implícito.

Depois, avançou-se para ter a negativa como uma forma de *presunção da paternidade* invocada; pois se o indigitado não era o pai do autor não existiria motivo para temer qualquer tipo de exame, demonstrando com tal atitude a intenção de esconder a verdade, já que as regras de experiência apontam que o exame técnico, principalmente o DNA, só favorece quem verdadeiramente não é o pai natural.

Como óbvio, ter-se como presunção como interpretação legítima da recusa equivaleria a tolher a garantia constitucional, acarretando uma inversão do ônus da prova.

Hoje se considera a rejeição ao exame como um *indício da paternidade*, sabendo-se que o fato gerador dele deve ser incontestável quanto à sua veracidade para originar tais circunstâncias, o que corrói dito entendimento.

Por mais razoável, a Corte gaúcha tem a recusa como mais *um elemento de prova*, que deve ser confortado por outros, em que o comportamento é valorado; até mesmo para impor a multa pela litigância de má-fé, quando evidente a procrastinação ou preliminar de recurso em que se sustente exame a que se negou (conclusões n°s 20 e 24 do Centro de Estudos,TJRS).

A inovadora redação do dispositivo tinge a controvérsia com outras cores.

5.2. O exame do DNA e a gratuidade judicial

Há algumas décadas a prova pericial nas ações de investigação de paternidade repousava apenas em exames dos grupos sangüíneos, que somente afastavam a possibilidade da filiação quando incompatíveis, mas não asseguravam resposta afirmativa convincente; ainda se promoviam verificações fisionômicas, comparações fotográficas, e, substancialmente, a coleta testemunhal.

A eclosão da técnica genômica foi revolução que deu maior segurança às decisões sobre a ancestralidade; todavia, como o sistema processual vigente não aceita a valoração de prova única e absoluta, é de mau vezo admitir-se numa ação investigatória a realização solitária deste exame e tê-lo como inquestionável, pois não é infalível, conhecendo-se casos de laudos contraditórios: é que os laboratórios devem ter qualidade e apuro, os peritos devem ser reconhecidos, e o exame se deve cercar de cautelas, impedindo-se o contato com o material ou até a possibilidade de sua troca.

Para os que demandavam sob o abrigo da assistência judiciária gratuita, um dos fatores que dificultava a perícia pelo DNA era seu custo, com reagentes importados, máquinas sofisticadas e honorários adequados.

E como não cabia obrigar os peritos a doar o material ou operar seus aparelhos sem retribuição, os juízes restavam compelidos a decidir sem o auxílio de prova tão prestigiada, fragilizando o conteúdo da sentença.

Atenta, a Suprema Corte proclamou que não é possível concluir que não haja a obrigação para cobrir o ônus da perícia só porque a rubrica não esteja prevista no orçamento de certo período; tocando as providências à Administração estadual no sentido de atender a despesa, de base constitucional e acentuada importância social, devendo, para tanto, gerar os recursos correspondentes (RE 224.775-6/MS, j. em 08.04.2002).

A assistência judiciária gratuita comporta a isenção de taxas e selos, de emolumentos e custas devidas aos juízes, órgãos do Ministério Público e serventuários da justiça, as despesas com publicações indispensáveis no jornal de divulgação dos atos oficiais, nas indenizações dos salários das testemunhas notificadas para audiências, nos honorários dos advogados e dos peritos (Lei n° 1.060/50, artigo 3°, I a V); havendo legislação federal, agora, mandando incluir neste rol, também as despesas com a realização do exame de código genético (DNA), quando requisitado pela autoridade judiciária nas ações de investigação de paternidade ou maternidade (inciso VI).

Aqui, se determinou à Secretaria da Saúde e do Meio Ambiente estabelecer procedimento para o custeio do exame referido, desde que indispensável como meio de prova em ações patrocinadas pela Defensoria Pública; autorizando, para tanto, a celebração de convênios com instituições de pesquisa que realizem dita técnica, e até, como contrapartida, a cessão de servidores com ônus para seu órgão de origem (Lei n° 11.163, de 08.06.98).

Os exames são feitos pela Universidade Federal do Rio Grande do Sul, mediante pactos com o Tribunal de Justiça e com a Defensoria Pública, projetando-se alargá-los para outros estabelecimentos de ensino e clínicas particulares credenciadas, inclusive com diligências no interior.

Com isso se preserva o paradigma constitucional da gratuidade processual.

5.3. A dignidade humana e a condução forçada ao exame de DNA

É questão recorrente a conseqüência processual da recusa ao exame pelo DNA na investigação de paternidade, como ainda a negativa da parte em submeter-se à perícia referida de modo compulsório.

Quanto ao primeiro aspecto e atento à lição dos tribunais que vinham sendo constantemente instigados, o novo Código Civil acrescentou preceito afirmando que não pode se aproveitar da recusa quem se nega a submeter-se a exame médico necessário (CC, artigo 231).

Na mesma linha a repulsa à condução coercitiva ao exame era condenada pela jurisprudência e com a utilização do princípio da proporcionalidade, eis que se punham em conflito dois direitos constitucionalmente protegidos, a filiação e a intimidade, dando-se mais azo ao primeiro ao o último: em quanto o primeiro é direito personalíssimo, indisponível e imprescritível (ECA, artigo 27), o segundo contém o direito da intangibilidade corporal a ser ferido pela atividade invasiva.

Como exemplo, argumentava-se que a paternidade, como laço de parentesco que une imediatamente a pessoa a um ascendente, constitui, sem sombra de dúvida, núcleo fundamental da origem de direitos a se agregarem ao patrimônio do filho, sejam eles direitos da personalidade ou até mesmo direitos de natureza real e obrigacional.

E, como direito da personalidade, a paternidade não pode deixar de ser investigada da forma mais ampla possível, respeitando os princípios fundamentais da bioética.

A defesa dos direitos da personalidade como objetivo da permanente preocupação do Estado, através de seus órgãos próprios, visualizados em suas três funções, não pode ser concebida como princípio absoluto; devendo ser flexibilizado o individualismo extremado se o exercício da prática científica segura e confiável não atentar contra a saúde, a vida ou a debilidade de órgão, sentido ou função da pessoa natural, para dar lugar, excepcionalmente, aos avanços da ciência, quando estes, sem qualquer degradação moral ou física, puderem ser úteis ao homem também na área da Justiça.

Não se pode em certos casos, mormente na investigação de paternidade, quando existe choque de dois interesses, ambos situados na esfera dos direitos da personalidade (direito à inviolabilidade do próprio corpo e o direito à identificação paterna), propender-se no sentido da corrente que erige como dogma a não obrigatoriedade da submissão do investigado ao teste de impressões digitais de DNA.

A tendência internacional na esfera da jurisdição é o recurso a essa perícia, para indicação correta da verdade biológica, desatendendo-se, inclusive, a solução preconizada largamente na doutrina e na jurisprudência passadas da improcedência da ação em caso da existência de relacionamento plúrimo, porque os avanços da ciência permitem até nesta hipótese indicar a relação paterna.

Enfim, o exame não chegaria a comprometer o princípio da inviolabilidade corporal, que, aliás, evidencia outros direitos da personalidade, que é o da paternidade, do qual resultam ainda entre outros direitos, o direito ao patronímico paterno e o direito aos alimentos.

A possibilidade de condução coercitiva do investigado, ou *debaixo de vara*, foi excomungada pelo Supremo Tribunal Federal que entendeu dita diligência como ofensiva à preservação da dignidade humana, da intimidade, da intangibilidade do corpo, do império da lei e da inexecução de obrigação de fazer; pois ninguém está obrigado a produzir provas contra si, já que o patrimônio físico do indivíduo é assegurado constitucionalmente, não se podendo recolher célula, fragmento, líquido ou órgão, sem autorização da pessoa a invadir.

Inferiu a Suprema Corte, todavia, que a recusa se resolve no plano jurídico-instrumental, consideradas a dogmática, a doutrina e a jurisprudência, no que voltadas ao deslinde das questões ligadas às provas dos fatos.

Logo, a condução compulsória de alguém para retirar sangue para o teste do DNA emoldura ultraje à dignidade humana e a produção desta perícia constitui prova ilícita a ser excluída da demanda.

5.4. A investigação de paternidade e o nascituro

O Código Civil estabelece que a personalidade civil da pessoa começa com o nascimento com vida, mas a lei põe a salvo, desde o nascimento os direitos do nascituro (art. 2°), adotando-se uma posição prudente que admite a capacidade de direito com o parto, preservando os interesses do gerado desde gravidez.

Nascituro é o que deve nascer, que está por nascer, é o ente concebido que está no claustro materno, integrando-se a noção apenas quando haja gravidez resultante de fecundação obtida *in anima nobile* (ou seja, naturalmente ou por inseminação artificial), seja *in vitro*, começando a etapa com a nidação ou implantação do ovo no revestimento interno do útero (endométrio) endométrio (revestimento interno do útero), não sendo nascituro o ovo fecundado *in vitro* que não se fixou no útero, nem o embrião congelado, mas o embrião implantado e o feto.

Como assente, a questão jurídica filiação não emerge do nascimento, mas se vincula ao próprio fato da concepção, motivo por que a lei e o direito asseguram ao nascituro a declaração de sua ascendência genética.

Daí ser possível o ajuizamento de investigação de paternidade proposta pela mãe do nascituro, cujo nascimento com vida o investe na titularidade da pretensão de direito material, até então uma expectativa resguardada pela lei, eis que a criança concebida se tem como nascida já, sempre que se trate de seu interesse e proveito, assistindo-lhe, no plano do direito processual, capacidade para ser parte, como autor ou como demandado, e sendo ação personalíssima somente pode ser proposta pelo próprio investigante, representado ou assistido, se for o caso; e uma vez iniciada, falecendo o autor, seus sucessores têm direito de prosseguir na causa (CC, artigo 1.606, e parágrafo único).

Embora haja polêmica, a jurisprudência permite que a ação investigatória seja cumulada com a de alimentos, para a mãe fazer frente às despesas pré-natais (despesas com pediatria, assistência cirúrgica, transfusões, ultra-sonografia, cirurgia em fetos, etc).

Além da gravidez, admite-se como prova da paternidade o exame de DNA, recolhendo-se uma amostra de células do vilo corial, que é um componente da placenta, ou do líquido amniótico, de onde se extrairá dito material, como se faz em situações habituais para diagnóstico de anomalias genéticas, infecções, ou anormalidades de metabolismo, intervenção segura, com risco mínimo para a gestante e filho, que deve ser preservado em sua integridade física, sem ser incomodado.

O procedimento utiliza a ultra-sonografia para localizar a placenta, acessada pelo colo do útero ou pela parede abdominal, extraindo-se as amostras do vilo corial, que é viável a partir da nona semana de gestação, seguindo a técnica com o método corriqueiro de estabelecimento da paternidade (sangue da mãe e do suposto pai), que se devem situar nos patamares habituais de certeza jurídica.

5.5. A investigação de paternidade e a inseminação artificial

A inseminação artificial consiste em técnica de procriação assistida mediante a qual se deposita material genético masculino na cavidade uterina da mulher sem congresso sexual, cuidando-se de processo indicado para casais inférteis, quer por deficiências físicas (impotência), má formação congênita dos aparelhos masculino ou feminino, problemas com os espermatozóides ou perturbações psíquicas.

Quando a solução é buscada no próprio casal, a inseminação é *homóloga,* mas quando não se recorre ao material genético do esposo ou do companheiro fala-se de inseminação *heteróloga,* – daí os bancos de sêmen – aqui surgindo algumas questões instigantes, como a verificação da ascendência, pleito de alimentos contra o doador; a inseminação artificial homóloga não gera maiores indagações judiciais, pois configura a paternidade biológica e legal frente à invocação da presunção de paternidade do filho concebido na constância do casamento (CC, artigo 1.597, I), sem obstar ao marido o direito de impugnar a paternidade através de ação agora imprescritível (CC, artigo 1.601), o que se aplica, por simetria constitucional, também ao companheiro.

A presunção proveniente de nascimentos havidos nos trezentos dias seguintes à dissolução da sociedade conjugal, por morte, separação judicial, nulidade ou anulação do casamento (CC, artigo 1.597, I), sofrerá alguns abalos, em vista da técnica de congelamento de embriões; sendo os vínculos determinados pela verdade moral, reflexo do consentimento, a qual coincidirá com a verdade biológica de fácil comprovação a partir dos testes de DNA, verdadeira carteira de identidade da pessoa, possíveis de serem realizados mesmo depois da morte, em vista da transmissão do patrimônio genético de geração a geração.

As normas éticas Resolução nº 1.358/92 do Conselho Federal de Medicina ordenam que o uso da técnica em mulher casada ou em união estável necessita da aprovação do cônjuge ou do companheiro, o que se repete projetos que tramitam no Congresso, onde ainda se alude que a pessoa nascida a partir de gameta doado ou por meio de gestação de substituição não terá qualquer direito ou vinculo em relação aos doadores e seus parentes biológicos, salvo impedimentos matrimoniais, assegurado, porém, o direito de conhecer a identidade do doador ou da mãe substituta, no momento que completar a maioridade ou se habilitar para o casamento.

Quanto à inseminação artificial heteróloga, os temas mais complexos, porque ela contraria os princípios que fundamentam a filiação, além de envolver duas possíveis paternidades, a biológica (do homem que doou o esperma) e a legal (do marido estéril que consentiu na inseminação de sua mulher), o que redimensiona a relação, não mais em torno de presunção legal, mas no consentimento do marido que se interessa pelo parto.

Outra situação é a da mulher solteira, viúva, separada ou divorciada que utilize a inseminação artificial, e resolva propor ação investigatória contra o doador do sêmen, o que não prospera para alguns, pois o doador está protegido pelo anonimato e o sigilo, sendo a prática inseminatória um risco exclusivo da mulher, não ensejando a pesquisa sobre a procedência do elemento procriador, como prescrevem as legislações portuguesa e australiana.

Contrapõe-se que o reconhecimento do estado de filiação pertence ao filho (ECA, artigo 27) e a criação de qualquer obstáculo acarreta restrição deste direito; mas hoje é regra deontológica observada nas clínicas de fertilização que os doadores não devem conhecer a identidade dos receptores e vice-versa , sendo obrigatoriamente mantido o segredo sobre a origem dos gametas e pré-embriões, salvo motivação médica e apenas para ditos profissionais, resguardando-se a identidade civil do doador (Conselho Federal de Medicina), o que também ocorre na regra de doação de órgãos, que impõe o anonimato (Lei n° 9.434/97).

Alguns dizem que o anonimato é mais benéfico, apontando o risco de redução de doadores de espermatozóides, como se deu na Suécia, e o aspecto negativo da inexistência de vínculo afetivo entre o doador e a criança, bem como ausência de utilidade social; outros pensam que a criança tem direito aos dados sobre a identidade do doador, pois o acesso à informação é principio constitucional (CF, artigo 5° XIV), e o sigilo possibilita os perigos de futuros casamentos consangüíneos.

A par destas reflexões, reitere-se a importância da prova pelo DNA para estabelecer a ascendência genética oriunda da inseminação artificial.

5.6. A exumação e o DNA

A exumação, que é o ato de tirar da sepultura ou do esquecimento, desenterrar (*ex*, para fora e *húmus*, terra), pode ser ordenada em algumas ações de investigação de paternidade quando impossível a realização da perícia hematológica pelo falecimento do suposto pai e ausência de herdeiros ou parentes que forneçam o material genético.

Entretanto, é medida excepcional, que só se justifica ante a inexistência de outros meios robustos de prova, devendo ser deferida depois de esgotadas todas as alternativas com parentes consangüíneos do suposto pai e da investigante, além da análise dos demais elementos constantes dos autos, inclusive a prova oral, não sendo razoável generalizá-la, salvo quando exijam as condições do caso concreto.

Com auxílio da administração do cemitério, os peritos ali comparecem para localizar a tumba, retirando dela o esquife, que é examinado minuciosamente, apartando-se o cadáver para outra necropsia ali ou em necrotério anexo ao local, não sendo a putrefação, motivo para obstar o penoso trabalho dos técnicos, mesmo que adiantada.

Na exumação colhem-se os dentes molares, pré-molares, clavícula ou outro osso do falecido, que nos laboratórios são triturados em máquina especial; e, caso a morte seja recente, podem realizar-se os testes com qualquer tecido, preferencialmente músculos, dentes e alguns fios de cabelo com bulbo, sendo a análise realizada pelo estudo dos *loci* de micro-satélites do cromossoma Y.

Todavia nem todos os casos são concluídos, pois a degradação do DNA pode formar amostras imprestáveis, dependendo o êxito do estado de conservação dos restos mortais, do tipo de solo onde estejam inumados, às condições climáticas do local, à decomposição pela flora bacteriana, bem como da quantidade e qualidade do DNA suficiente para a análise.

Não se descarte a hipótese de violação da sepultura e permuta de restos mortais, felizmente rara e imoral, sempre bem apanhada pelos peritos e pelos juízes, que com facilidade descobrem a profanação.

A cautela para deferir-se tais diligências alicerça-se no respeito aos mortos e no direito sobre o cadáver, pois, embora o ordenamento jurídico não consinta que a personalidade jurídica persista depois da morte, nem por isso o defunto deixa de tornar-se submisso à tutela do direito.

Mesmo não sendo pessoa ou objeto de direitos patrimoniais, apesar da mudança de substância e função, conserva o cunho e o resíduo do vivo, sendo resguardada a sua dignidade quando é entregue à paz da campa, matéria de um direito privado emergente do costume, que também se estende a seus parentes, pelo sentimento de piedade que os vincula ao falecido.

Seguindo a tradição romana, o Código Penal descreve e sanciona condutas que ofendam o respeito aos mortos, como impedimento ou perturbação de cerimônia funerária, violação de sepultura, destruição, subtração ou ocultação de cadáver e vilipêndios (CP, artigos 209 a 212), isso por que o respeito aos mortos, como o sentimento religioso, é um relevante valor ético-social; e, como tal, um interesse jurídico digno por si mesmo da respectiva tutela criminal, que cuida de acautelar a incolumidade dos atos fúnebres do cadáver em si e da sepultura.

Assim, o que se protege não é a paz dos mortos, mas o sentimento de reverência dos vivos com os falecidos.

5.7. A investigação da paternidade socioafetiva

A literatura jurídica costuma afirmar a existência de três espécies de paternidade: a *biológica* que se origina de congresso sexual entre os pais e que redunda na filiação consangüínea, baseada no matrimônio, na união estável, ou nas relações entretidas por pessoas impedidas de casar; *a jurídica*, que decorre da presunção resultante da convivência com a mãe; e *socioafetiva*, que se constitui em ato de opção fundado no afeto, e que teve origem jurisprudencial na denominada *adoção à brasileira*.

Na paternidade sociológica releva-se a *posse do estado de filho*, concebida como a exteriorização da condição de descendente reconhecida pela sociedade; e que a doutrina romana entendia sedimentar-se no nome, no tratamento público e na fama, todos apontando que a pessoa pertence a um núcleo familiar; e que não representa menoscabo à biologização, mas travessia para novos paradigmas derivados da instituição das entidades familiares.

Prevalece nela a visibilidade das relações, mostrando vínculo psicológico e social entre o filho e o suposto pai, um momento permanente de comportamento afetuoso recíproco, com tal densidade que torna indiscutível a filiação e a paternidade.

Costuma-se até sublinhar que a posse do estado de filho observa o princípio da *aparência*, oriunda do exercício das faculdades inerentes à linhagem, sustentada pela convicção de publicidade.

O fato é bastante comum, bastando referir os *filhos de criação*, onde, mesmo ausente algum elo biológico ou jurídico, os pais abrigam, criam, sustentam e educam criança ou adolescente, destinando-lhes carinho e amor, mesmo sem buscar a adoção.

Sabe-se que a paternidade biológica e jurídica é alcançada através da ação de investigação, em que, além de outra prova, a pretensão é pavimentada por exame genético entre os interessados, suficientes para alicerçar a declaração de filiação; enquanto isso, o reconhecimento da paternidade socioafetiva ainda não logrou obter uma demanda específica para atestá-la, embora precedente (TJRS, APC 70008795775).

Contudo, é absolutamente razoável e sustentável o ajuizamento de *ação declaratória de paternidade socioafetiva*, com amplitude contraditória, que mesmo desprovida de prova técnica, seja apta em obter veredicto que afirme a filiação com todas suas conseqüências, como registro civil, direito a alimentos, sucessão e outras garantias.

O que se fará em respeito aos princípios constitucionais da dignidade da pessoa, solidariedade humana e maior interesse da criança e do adolescente.

Admitir-se a impossibilidade jurídica do pedido seria rejeitar o acesso à justiça e desprezar a igualdade que os tribunais reconhecem aos diverso tipos de paternidade.

6. Separação e divórcio

6.1. A separação judicial e a prova da culpa

Não foi feliz o novo Código Civil em repor a culpa como causa para dissolução da arquitetura conjugal, afastada já deste nicho há mais de vinte e cinco anos e inumada pela constância das decisões judiciais.

A posição do tribunal gaúcho é iterativa em afastar a identificação do culpado pela ruptura da sociedade conjugal (APC 70002690824 e 599349305, entre outras); pois se cuida de debate que não conduz a objetivo algum, senão à satisfação de erigir-se um dos cônjuges como inocente na corrosão do casamento, espécie de vitimização que não afeta a partilha, a guarda dos descendentes e até mesmo a concessão de alimentos, mas que reflete tristemente na personalidade dos filhos.

Conforme a literatura, o exame da culpa conjugal se ancora no direito canônico, quando este prevalecia sobre as outras formas jurídicas, apoiando-se no relevo da moralidade e da ordem pública, daí o casamento indissolúvel e a vedação ao divórcio; nesta etapa, as separações apenas se davam por motivos estritos, muito graves, incapazes de sustentar mais o arcabouço familiar, entre os quais o adultério, delito que *é o que mais facilmente se suspeita e, ao mesmo tempo, o mais difícil de se provar* (RT 262/466).

Em países como a Alemanha, há muito foi abolida qualquer possibilidade processual de pesquisar a culpa dos cônjuges pela derrota do seu matrimônio, pois a máquina judiciária estará mais bem aproveitada se concentrar seus recursos e esforços, com equipes muldisciplinares ensinando os que se separam como devem enfrentar suas renovadas experiências afetivas, corrigindo para suas novas núpcias; ou mesmo para suas relações informais, as falhas que tenham provocado dentro do relacionamento conjugal por inocência, cisma, ingenuidade ou cizânia, já que nada na seara do amor, é realmente inalterável quando houver vontade de crescer como pessoa e fortalecer suas relações.

A discussão tende a ressurgir rancores, constituindo-se em intromissão estatal na intimidade das pessoas, ofendendo sua dignidade, adentrando-se na angústia existencial, na luta entre o bem e o mal, o que não afasta a idéia de vingança ou crueldade em indigitar alguém como responsável, quando nem mesmo os cônjuges têm consciência onde reside a verdadeira causa do malogro.

Cabe ao Judiciário, então, catalogar estes *restos de amor* e declarar, numa divisão maniqueísta, quem vence ou perde, quando é difícil ou mesmo impossível aferir a culpa real pelo desenlace.

Por tudo, embora prevista da legislação civil vigente, é absolutamente inadequada a discussão sobre a culpa na erosão do edifício familiar, aguardando-se que as propostas de reforma venham adequar o instituto da separação ao roteiro consagrado ou os pretórios anatemizem o retrocesso.

6.2. Meu bem, meus bens

A lei busca atender determinada aspiração comum, mas também retrata um momento histórico específico, inclusive revelando as forças sociais que a engendram.

Ou seja, qualquer norma reproduz a situação de hegemonia vigente no corpo legislativo, e desvela o conteúdo ideológico que subjaz em sua proposta e eleição.

O jurista chileno Novoa Monreal escreveu obra singular sobre o tema, após examinar a codificação civil dos povos latino-americanos, flagrando o modo prestigiado como o instituto da propriedade é repristinado; e também garantido nas regras materiais, prevalecendo numericamente sobre outras de valores mais transcendentes, expressiva parcela que provém ainda da influência do absolutismo napoleônico, migrado para o direito pátrio através das ordenações portuguesas.

E a revelação não acontece apenas na sede civil, mas também carimba o diploma criminal, onde o processo produtivo e a correspondente circulação de riquezas marcam a tipificação de alguns ilícitos e afeta a concessão de benefícios processuais.

Embora o direito à vida seja um bem privilegiado ante todos, não é o homicídio, solitariamente, que preceitua maior sanção ao agente, mas também o latrocínio, onde a morte é somente o meio para a subtração do acervo, verdadeira finalidade da punição; o ocioso, ou seja, quem não está eventualmente captando as riquezas para o comércio, não têm direito a benefícios instrumentais, nem se abdica da possibilidade das prisões cautelares, assim como o que qualifica a lesão não é o dano corporal, mas o afastamento por trinta dias da cadência do trabalho em vista da convalescença.

Como se vê, a atenção ao patrimônio é o pano de cena do ordenamento nacional, erigindo-se como préstimo relevante.

Recentemente os escritórios dos advogados restaram aturdidos por indagações sobre as conseqüências quanto aos bens havidos ao se ingressar numa união estável, agora codificada.

Eram pessoas desimpedidas, jovens, viúvos, divorciados ou separados, que já usufruíam de uma relação amorosa, sem desejo de constituir família, apenas curtir momentos de felicidade e entrega, desprovida de compromisso de perenidade ou duração.

Mas que desde logo temiam a perspectiva de *repartir seus bens,* e insistiam na confecção de *contratos de namoro,* desvinculando o cabedal adquirido.

A primeira inquietação dos candidatos ao dissídio conjugal não é só a guarda dos filhos ou a provisão de alimentos, mas a partilha do patrimônio e se há alguma imprecação de culpa pelo fracasso do consórcio, a cisão funciona como corretivo, pois *ela (ele) não vai ficar com o que suei para conservar!*

Cuida-se de influxo cultural que acompanha o povo brasileiro desde a família novecentista patriarcal e hierarquizada, onde o apego à noção de propriedade se introjeta de tal forma, que extirpá-la significa arrancar a própria pele.

E nas pugnas dos casais, o suave e delicado *meu bem* acaba por ceder passo para o agressivo *meus bens.*

6.3. A implantação de embriões e a recusa do marido

A vida provecta é uma expectativa humana que se junta ao desejo de escrever um livro, plantar árvore e gerar descendência.

No curso do matrimônio alguns casais descobrem a recíproca impossibilidade de procriar, o que se atribui a causas diversas de um e outro parceiro, mas que levam ao desagrado, frustração e infelicidade, fatores de corrosão da arquitetura conjugal.

A solução desemboca em clínicas de fertilização, onde se promove ou a inseminação artificial, procedimento em que os espermatozóides são inoculados diretamente no recôndito feminino; ou a fertilização *in vitro*, em que a conjugação das células reprodutoras e a respectiva fusão se afeiçoam em tubos de ensaio, originando os embriões logo encaminhados ao congelamento.

Como a produção dos óvulos é estimulada através de medicamentos e outros métodos laboratoriais, formam-se diversos embriões destinados à seleção, precedida de exames genéticos para inquérito de defeitos ou moléstias hereditárias, sendo descartados os que não forem inseridos, sem que a lei pátria lhes tenha ainda destinado proveito satisfatório.

Em muitos países tais *embriões excedentários* são incinerados, mas agora se debate seu uso como fonte de células-tronco, lenitivo para cura de muitos males, aqui se cogita de adoção ou transferência para outra mulher infértil.

Ao que se saiba, ainda não se fez presente nos tribunais brasileiros a controvérsia instilada pelo desejo da mulher separada ou divorciada de implantar algum dos embriões depositados; fato que pode constituir espécie de revide ao ex-cônjuge que se ligou a outra pessoa, decepção com a partilha de bens, obrigação de alimentos, ou simplesmente pelo natural desejo de ser mãe novamente, se distante a prole ou falecidos os filhos em situação de tragédia.

A inglesa Natalie, enquanto casada, se submeteu ao tratamento para conceber, quedando os embriões à espera de momento adequado para serem domiciliados em seu ventre; durante a fertilização, infelizmente, seus ovários foram removidos quando os médicos ali descobriram células pré-cancerosas.

Como o casal se separou, deseja ela agora utilizar os embriões congelados, pleito que representa sua última chance de ter um bebê geneticamente seu, com repulsa dos tribunais saxônicos à pretensão, ancorados na recusa do ex-marido que retirara a autorização de uso, formalidade essencial ao plantio; para alguns, isso representa ofensa aos direitos humanos das mulheres que se tornaram estéreis, além de abrigar uma situação não imaginada pelo legislador que ditara a norma.

Aqui, por falta de regra específica para atender demanda similar, restaria somente o exame do termo de *consentimento informado* que é subscrito pelo casal na clínica em abono à gestação planejada, mas não se tem dúvida que um magistrado brasileiro apoiaria a ensancha, em respeito ao princípio constitucional da dignidade humana que protege tão divino mister.

6.4. A descrminalização do adultério

O crime de adultério foi expurgado do elenco penal, embora continue na bíblia civil, como causa da ruptura do edifício conjugal.

A intenção fincara raízes no colóquio realizado em Belaggio nos anos setenta, quando Hulsmam sugeriu a retirada de infrações abrangidas por normas morais, que mudando com constância frente aos novos conhecimentos e impulsos, aconselhava uma cirurgia nos ordenamentos, reservando-as à deontologia ética.

O delito de adultério (*ad alterum thorum ire,* ou deitar-se em outro leito), é tido como velharia jurídica que devia ser posta no baú das coisas arcaicas, pois se desgastou e empalideceu com o tempo, perdendo a dignidade penal, sustentando algum prestígio civil, como prova da violação dos deveres conjugais e como fonte para a dissolução da sociedade matrimonial.

A permanência de um preceito criminal nos catálogos de normas sancionadoras depende de sua repercussão estatística: ou seja, um crime que não gera inquérito ou processo, que não freqüenta os corredores do foro, não tem razão de ficar entre as condutas incriminadas, devendo ser substituído por regras punitivas que descrevam comportamentos lesivos modernos, derivados dos conflitos emergentes da vida moderna.

Assim aconteceu com o crime de adultério, que cumpriu idade sem aplicação mínima, pois o cônjuge ofendido procura resolver sua aflição no âmbito da separação, e não na polícia para dar início à persecução legal.

Essa "ofensa à fidelidade conjugal pela prática de congresso sexual com terceiro" é o delito de que mais se suspeita, porém o mais difícil de demonstrar, segundo as escassas jurisprudências pátrias.

Sua feição histórica é preconceituosa e machista, eis que interessava ao homem preservar a lealdade da esposa e a pureza da descendência por que a transmissão do patrimônio se dava pela linhagem masculina, até se aceitando o *direito* de matar a mulher adúltera.

Exemplifico com a curiosa prescrição contida nas Ordenações Filipinas, de 1603, e que vigiram no Império:

> Achando o homem casado sua mulher em adultério, licitamente poderá matar assim a ela como o adúltero, salvo se o marido for peão e o adúltero fidalgo, ou nosso Desembargador ou pessoa de maior qualidade(...). E sendo provado, que algum homem ou sua mulher, que lhe fizesse adultério, serão ele e ela açoutados com senhas, capelas de cornos e(...). *degradados para o Brasil*, e o adúltero será degradado para sempre para a África, sem embargo de o marido lhes querer perdoar.

Disto se conclui que os primeiros imigrantes portugueses que povoaram o país, além dos cristãos novos e dos donatários, abrangiam também parcela de pessoas de conduta pouco ilibada, o que não impediu, com os negros e os índios, o aparecimento deste maravilhoso povo saturnino.

A revogação do preceito antes abrigado no artigo 240 do Código Penal merece encômio pelas cores perdidas no campo legal, almejando-se que o retrocesso civil seja também corrigido, como já acontecera com a fecunda jurisprudência brasileira.

6.5. Divórcio: quantas vezes?

É fácil constatar que mudou a sociedade, os costumes não seguem mais as regras inflexíveis do passado e a família veste outra roupa, atenta aos ventos da modernidade e paradigmas novidadeiros.

Abatida a dominação masculina com a queda do patriarca, ferida a gestão patrimonial e machucado o matrimônio eterno, a família procura adaptar-se a sua funcionalidade, onde todos se nivelam na busca da realização e sucesso.

Lembra Gilles Lipovetsky que havia antes uma juventude sôfrega de liberdade que buscava escapar mais cedo do circuito familiar, mas a rotação dos dias atuais revela que os jovens permanecem mais tempo na companhia dos pais, manifestando perfeito entendimento com eles.

Para o filósofo francês, a família tornou-se uma prótese individualista ou instituição onde os direitos e as aspirações subjetivas preponderam sobre as obrigações categóricas; e sendo flexíveis os elos da família pós-moralista hodierna, viável é organizá-la segundo as preferências pessoais, eis que instrumento de realização de seus membros, tornando-se um grupo de gênero emotivo e elástico, uma família *consumível*.

Daí a freqüência estatística com que se operam casamentos, separações, divórcios e uniões livres e constante mutação nas pautas das entidades constitucionalizadas: mas quantas vezes se pode *casar* ou *descasar*?

A Lei do Divórcio foi enfática em afirmar que o pedido, em qualquer caso, podia ser formulado apenas uma vez (Lei nº 6.515/77, artigo 38); embora a doutrina opinasse pela inconstitucionalidade do dispositivo, a Suprema Corte declarou ali vício não vislumbrar.

Quando a Carta Federal de 1988 consolidou a possibilidade de dissolução do vínculo conjugal não aduziu a qualquer limitação, proclamando que o casamento podia ser dissolvido pelo divórcio, seja no caso de prévia separação judicial por mais de um ano ou por dissenso fático superior a dois anos (CF, artigo 226, § 6º).

Em seguida veio norma que alterou diversos dispositivos da lei divorcista, revogando expressamente o artigo 38 daquele ordenamento, sepultando qualquer discussão (Lei nº 7.841/89).

Não bastasse isso, o diploma civil vigente apenas refere que dissolvido o matrimônio pelo divórcio, o cônjuge poderá manter o nome de casado, salvo decisão judicial em contrário; e que a ruptura definitiva da sociedade conjugal se dá pela conversão, após um ano da sentença que decretou a separação judicial ou de corpos e depois de dois anos de comprovada separação de fato (CC, artigos 1.571, § 2ºe 1.580, § 2º); também nada consta entre os impedimentos para casar (CC, artigo 1.521).

Embora se divulgasse que o divórcio fosse o flagelo e a destruição da sociedade conjugal, a realidade superou o preconceito e manteve acesa a instituição da família, agora em outro modelo, o que não obsta o descasado de reincidir em outra união legal, quanta vez almeje na busca da felicidade.

7. Alimentos

7.1. O direito dos parentes aos alimentos

O novo pergaminho civil estabeleceu que os parentes, cônjuges e companheiros podem pedir uns aos outros os alimentos de que necessitem para viver de modo compatível com a sua condição social, inclusive para atender às necessidades de sua educação.

Antes a tábua civil apenas indicava os parentes, colocando como fim dos alimentos somente a subsistência, arrolando o dever de sustento e mútuo atendimento para os casados; os companheiros, que vinham recolhendo pensão dos tribunais depois da Carta Magna de 1988, obtiveram a alforria através da Lei nº 9.278/96, agora consolidada pela codificação da união livre.

A discussão que se trava é a possibilidade de que tios, sobrinhos, primos e outros colaterais também se obriguem a atender as dificuldades de seus familiares mais próximos, interpretação a que se chegou no exame da esdrúxula redação de um dos novos dispositivos, que permite ao parente devedor chamar outros para concorrer no atendimento, transformando o processo numa selva de partes, retardando sua conclusão e comprometendo a efetivi dade.

A polêmica sugestão não encontra respaldo no arruamento topográfico do próprio catálogo material ou na orientação doutrinária, além de ferir a natureza sistêmica da lista canônica.

O preceito batismal do instituto, de forma genérica, afirma o dever alimentar entre *parentes*, cônjuges e companheiros (CC, artigo 1.694); mas logo explica que o direito à prestação é recíproco entre pais e filhos, e extensivo a todos os ascendentes (CC, artigo 1.696), acentuando que na falta de ascendentes, cabe a obrigação aos descendentes e, faltando estes, aos irmãos, assim germanos como unilaterais (CC, artigo 1.697).

As pessoas integram uma família por parentesco, casamento, união estável ou afinidade, incluindo-se no primeiro grupo, em senso estrito, apenas os indivíduos unidos pela consangüinidade.

Os parentes se vinculam por *linhas*, uma reta e outra colateral, integrando a primeira os que descendem uns dos outros (bisavô, avô, filho, neto, bisneto), seja na linha ascendente (filho, pai, avô) ou na descendente (avô, filho, neto): já na linha colateral ou transversal, as pessoas se relacionam com um tronco comum, sem descenderem umas das outras, agora limitada ao quarto grau (primos e tios-avós).

Entre os colaterais, consideram-se irmãos germanos os que descendem do mesmo casal e unilaterais os filhos de apenas um dos genitores.

Assim, a prescrição legal ordena que a pirâmide que obriga aos alimentos seja formada por pais e filhos, em encargo recíproco; na falta destes, os ascendentes, consoante sua vizinhança com o alimentando; os descendentes, ainda na mesma reta, excluídos seus sucessores; os irmãos bilaterais ou unilaterais; e os parceiros de união estável.

Ainda nenhuma ilação cabe extrair de posições ou vantagens hereditárias dos colaterais no direito sucessório, eis que se cuidam de sedes autônomas e independentes.

Embora remanesça como prevalente o princípio da solidariedade, que deve sempre obter apoteose nos dias atuais, não há apoio jurídico para compelir tios, sobrinhos ou primos a responder pela prestação de alimentos.

7.2. Os alimentos no estatuto do idoso

Nada mais correto que o velho brocardo de que a pressa não se afeiçoa à perfeição, o que se constata com freqüência, especialmente na orgástica produção legislativa que assola o país.

O parlamentar acha sempre que tem de marcar sua presença congressual com algum projeto que leve seu nome, ou não abdica de propor emendas para atender interesse particular ou praticar casuísmo que logra desfigurar a originalidade de alguma proposição.

Ainda que se aplaudam as regras do Estatuto do Idoso (Lei nº 10.741/2003), não se pode esconder que lembra uma colcha em que se costuraram artigos constitucionais com leis avulsas, enfeitadas por normas que conflitam com axiomas existentes, quando não contradizem o gradual e amadurecido trabalho doutrinário.

Na soma o resultado é positivo, pois o idoso tem consolidado em um estatuto todos os seus direitos, como recomendam os modernos expedientes de fuga dos códigos, em sintonia com países que criaram os modernos microssistemas ágeis e concentrados.

Fazendo o catálogo ajoelhar-se no confessionário, arranca-se de suas confidências a prática de numerosos pecados veniais no capítulo sobre os alimentos, quando não mereça punição mais forte pelas heresias ali contidas, que não o absolvem, embora o sincero ato penitencial.

A abertura já contém uma afirmativa pleonástica: os alimentos serão prestados ao idoso na forma da lei civil (EI artigo 11), mas haverá outra forma de impô-los a não ser assim?

Contudo, o sistema vigente sofre um exorcismo quando o catálogo afirma que a obrigação alimentar é solidária e que o idoso pode optar entre os prestadores da pensão (EI artigo 12).

É sabido que a prestação alimentar se caracteriza por sua divisibilidade e não solidariedade, pois os alimentos são determinados em valores individuais, próprios, singulares, sedimentados nas possibilidades do alimentante, cuja responsabilidade se reserva apenas à cota estimada.

Essa limitação afasta a possibilidade de que o dever se torne solidário, descabendo atribuir a quantia unitária a um grupo de obrigados, tanto que o Código Civil ministra que a pensão será endereçada na proporção das necessidades de quem postula e nas forças de quem é chamado a prestá-la (CC, artigo 1.694, único).

Logo, por ser divisível, a obrigação não é solidária como pretende o estatuto, mas recíproca e extensiva aos mais próximos em grau do necessitado, uns em falta de outros, podendo o indicado chamar outros a auxiliá-lo.

Assim, não adianta a lei cominar que o idoso possa optar por algum dos prestadores, aqui filhos, ascendentes, descendentes ou irmãos, porque terá de respeitar a ordem nomeada do direito civil; no caso, em razão de ser o autor uma pessoa sexagenária, seus filhos, ou netos, ou bisnetos; e em sua falta, os irmãos, sempre recaindo a obrigação no mais próximo, que poderá, através de um instituto processual controvertido, chamar os de grau imediato, para com eles repartir os alimentos fixados, respondendo os que puderem, na proporção de suas capacidades de fortuna (CC, artigo 1.698).

Também repisando o que diz a bíblia instrumental, consigna-se que o idoso pode celebrar transações relativas aos alimentos com seus prestadores perante o Promotor de Justiça, que as referendará, passando o documento a formar um título executivo extrajudicial (EI artigo 13), o que, reitere-se, também pode acontecer na presença da Defensoria Pública e do advogado, sob testemunhas.

É de sinalizar-se que o título assim constituído apenas enseja execução com penhora e não com pedido de prisão civil, somente aceito quando o documento teve chancela judicial, na lição constante dos repertórios de nossos tribunais.

Finalmente, o conjunto canônico prevê que, não tendo o idoso nem seus familiares as condições econômicas de prover o sustento, o atendimento tocará ao Poder Público (EI artigo 14), o que deve ser lido em consonância com outro dispositivo, que assegura aos maiores de sessenta e cinco anos, sem meios de manter-se, um benefício mensal de um salário mínimo, nos termos da Lei Orgânica da Assistência Social (EI artigo 34).

A derradeira prescrição pode ser passo para criar-se um fundo para pagamento de alimentos devidos por pais ausentes, que contribuiriam antes para a formação da base monetária, tal como já acontece em algumas nações.

7.3. Alimentos e salário mínimo

A lei estabelece que os parentes, cônjuges e companheiros podem pedir uns aos outros alimentos que necessitem para ter uma vida compatível com sua condição social; esse direito é recíproco entre pais e filhos, e se estende aos ascendentes, cuja falta impõe a obrigação aos descendentes, e em sua ausência, aos irmãos.

Os alimentos se destinam a dar uma qualidade de vida digna aos seus credores, e são fixados de acordo com as necessidades de quem precisa e a fortuna de quem os concede; a estimativa não é difícil quando o prestador tem rendimentos públicos ou emprego privado, pois aqui basta oficiar para desconto proporcional na folha de pagamento.

Isso se agudiza quanto ao trabalhador autônomo ou do mercado informal, comerciante, empresário ou de profissão liberal, que têm rendas variáveis ou de difícil investigação, quando se costuma marcar a retribuição em salários mínimos.

A vedação constitucional de vinculá-lo para qualquer fim (CF, art. 7º, IV) foi amortizada em matéria de alimentos pela jurisprudência dominante dos tribunais superiores que admitem a possibilidade de que a pensão seja estipulada em salários mínimos (STF, RE 134.567; STF, Resp. 85.685), seguida no pretório gaúcho (APC 70001012996, Rel. Des. Sérgio Fernando Vasconcellos Chaves, j.21.06.00).

O lago tranqüilo desse entendimento foi sacudido por recentes estudos que mostram o descompasso entre a elevação do salário mínimo e a de outros indexadores, com apreciável vantagem para o primeiro, embora sua conhecida deterioração monetária no curso de décadas passadas.

Ou seja, apesar de tudo, o salário mínimo vem sendo beneficiado por reajustes muito superiores aos índices de desvalorização da moeda, bastando sublinhar que, entre abril de 2005 e mesmo mês de 2006, o piso teve um reajuste de 16,66%, enquanto a inflação para o mesmo período não atingiu 5%; e entre julho de 1994 e abril de 2004, enquanto o IGP-M e o INPC tiveram acréscimos de 265% e 203%, respectivamente, a remuneração mínima ali aumentou 440%!

Tal significa que o uso do salário mínimo como índice para pagamento dos alimentos a que se comprometem os assalariados atribuem a seus beneficiários avanços superiores àqueles alimentantes com valores vinculados a percentuais sobre os ganhos; e assim se desconhecem as dificuldades econômicas enfrentadas por profissionais liberais ou com exercício de atividade autônoma, concluindo-se, erradamente, que seus rendimentos dispõem de mais valia em relação aos demais trabalhadores, segundo Malheiros Filho.

A apuração doutrinária iluminou recente veredicto conterrâneo, onde se prega que o salário mínimo é instrumento de política econômica e não serve para indexar alimentos, sob pena de desestabilizar em curto prazo o equilíbrio de o binômio alimentar, levando a constantes pedidos de prisão pela inadimplência ou ações de revisão (APC 70015627979, rel. Des. Luis Felipe Brasil Santos, j. 02.08.06), fator de congestionamento dos serviços forenses.

A matéria é instigante e deve produzir eruditas reflexões, almejando-se breve uniformização da polêmica, pelo reflexo na vida de muitos brasileiros.

7.4. Alimentos e obrigação dos avós

O pacto que o casal estipula no casamento implica o dever de sustento, guarda e educação dos filhos, que ficam sujeitos ao poder familiar, enquanto menores.

Forma-se relação recíproca que se aviventa quando os descendentes atingem sua autonomia profissional, invertendo a equação de dependência, daí uns e outros buscarem a solidariedade, quando abatidos pela dificuldade ou desemprego.

Sucede que a lei projeta a possibilidade de serem demandados todos os ascendentes, recaindo a obrigação nos mais próximos em grau, uns em falta de outros; como também é cabível a ação na linha descendente e depois lateral, com apelo aos irmãos.

Isso significa que o dever principal é dos pais, e se não tiverem condições, um ou outro, transmite-se o encargo aos avós, que se acham na vizinhança do parentesco.

Para isso é suficiente demonstrar a absoluta ou reduzida incapacidade paterna ou materna para cumprir suas incumbências legais, oportunidade em que nasce a irradiação para o planeta avoengo; o que também sucede quando o responsável, sem justificativa, reitera o costume de não pagar os alimentos, tornando-se remisso e inadimplente.

Assim, toca aos avós apenas suplementar a pensão devida pelos filhos, atitude que tem natureza complementar e não solidária, como repete a jurisprudência, embora visão diversa contenha o estatuto dos idosos.

Dito prédio foi edificado com prudência, pois de início os avós somente podiam ser acionados depois de fracassada a tentativa contra o parente mais próximo (TJRS, APC 599405495).

Em atividade subseqüente admitiu-se o ajuizamento conjunto e concomitante contra pai e avô, onde a necessidade e a possibilidade eram questionados na mesma demanda.

Finalmente, sempre em busca da máxima instrumentalidade e economia, aceitou-se a propositura direta contra os avós; e como na situação anterior, antes era preciso desbastar a obrigação paterna, para somente depois enveredar para a imposição do compromisso.

O código vigente inovou em permitir que o parente situado em primeiro lugar, caso não esteja em condições, possa convocar a concorrer os de grau imediato; e quando várias são as pessoas, todas devem contribuir na proporção de seus recursos financeiros, então chamadas para a lide, o que se denomina litisconsórcio passivo facultativo sucessivo.

Portanto, quando se age contra um avô paterno, por exemplo, e esse não pode suportar o gravame sozinho, tem o direito de conclamar os avós maternos a integrar o processo, repartindo o valor de forma eqüitativa, consoante manifestação freqüente do tribunal superior (STJ, REsp. 401.484-PB).

Em resumo, os avós podem ser instados a pagar alimentos aos netos por obrigação própria, complementar e/ou sucessiva, mas não solidária; e no dever suplementar, a obrigação se dilui entre todos os avós, paternos e maternos, associada à responsabilidade primária dos pais alimentarem seus filhos.

A medida contra os avós é dolorosa e com perdas afetivas, mas ainda é um meio de sobreviver com dignidade.

7.5. Alimentos e procedimento indigno

O direito a alimentos se extingue com novo casamento do alimentado ou sua união estável com outrem; também quando institui concubinato, relação adulterina entre pessoas impedidas de casar, sem apoio na legislação familista; todavia, a lei civil alerta que o benefício do credor ainda cessa quando tiver um *procedimento indigno* em relação ao prestador.

Os ordenamentos jurídicos trabalham com duas espécies de sistemas, um deles prevendo todas as situações, sem lacunas, composto apenas por normas, aplicadas pelo juiz sem tergiversação, de maneira mecânica e em silogismo breve (sistema fechado);

outro que aceita a inclusão de elementos estranhos, como fatos e valores, que interagem com as normas, buscando adaptar-se à realidade social, e que ensejam ao magistrado um processo criativo na interpretação do caso concreto (sistema aberto).

A legislação civil pátria filia-se à última concepção, pois admite institutos com a presença de *cláusulas gerais* e de *conceitos vagos*, que são expressões ou palavras indeterminadas ou fluidas, cujo preenchimento será feito pelo julgador com incentivo dos valores éticos, econômicos, morais e jurídicos da época, buscando decisão justa e equânime.

Alguns termos como boa-fé, comunhão plena de vida, insuportabilidade da vida em comum, interesse, prejuízo, moléstia grave e transmissível, presentes no direito de família, obtém concretude com a atuação judicial no instante em que subsume a norma e a vocaciona ao julgamento do acontecimento.

Assim acontece com a *conduta indigna* do favorecido, capaz de afastar a obrigação alimentar, cuja falta de nitidez semântica pede a construção intelectiva do decisor segundo o contexto processual.

Paira inquestionável que se cuida de uma ocorrência direta entre as partes, e não com os demais familiares, e que ocorre quando o credor, em seu agir, afeta a reputação, a fama ou a integridade psicofísica de quem o sustenta, o que será aferido no evento objetivo.

Como conceitos vagos, os operadores costumam socorrer-se em seu emprego das hipóteses de indignidade que afastam o herdeiro da sucessão, como a autoria de homicídio contra o devedor, seu cônjuge ou companheiro, ascendente ou descendente; a acusação caluniosa em juízo ou a prática de crime contra a honra do benfeitor, seu cônjuge ou companheiro; ainda se utilizam as previsões para revogar doação por ingratidão, como o atentado contra a vida, ofensa física, injúria grave e calúnia, entre outras.

O exercício da liberdade sexual depois da separação ou de firmado o pensionamento, não é suficiente para elidir o dever a alimentos, pois ninguém está coagido a manter-se casto ou perpetuar fidelidade depois da ruptura matrimonial ou em sua vida autônoma.

7.6. Alimentos e prestação de contas

O senso comum não ignora a obrigação de prestar contas de quem administra bens ou interesses alheios; e ainda o direito de exigi-las ao gestor que cuida do patrimônio de outrem.

Assim acontece com o inventariante em relação ao encargo, com o titular de conta bancária sobre a movimentação de seus haveres, com o pedido do sócio endereçado a quem superintenda os negócios coletivos; também é direito dos locatários de lojas em centros de comércio, do usuário de cartão de crédito, dos consorciados e dos membros de previdência privada, enfim.

No âmbito das relações familiares são conhecidos os deveres dos tutores, mesmo que ao contrário tenham disposto os pais do tutelado; tarefa que se estende aos curadores dos interditos, salvo quando o governo for exercido por pessoa casada no regime da comunhão universal, aqui somente cabível ônus por ordem judicial.

Embora pendular, os tribunais convalidam a possibilidade de o cônjuge exigir contas do outro que ficara na gerência do acervo do casal, após a separação judicial ou de fato, excetuada a mancomunhão antes da partilha; ou sobre as cotas de empresa familiar.

Contudo, a indagação mais freqüente dirigida aos operadores jurídicos se refere à existência de compromisso do genitor que detém a guarda do filho em revelar a correta aplicação dos alimentos que recebe em nome do menor.

A dissolução da sociedade conjugal implica em pauta de cláusulas a respeito do poder familiar, de visitas, divisão do cabedal havido, da manutenção de nome; ali se estabelece a garantia do sustento do descendente que permaneça na companhia do pai ou da mãe; e consoante pacto, os valores são creditados para atender as despesas de alimentação, ensino, transporte, saúde, vestes, lazer, todas a satisfazer pelo descortino do guardião.

Ora, ocorre que muitas vezes o consorte separado busca recompor a vida sentimental através de namoro ou união informal, motivo para despertar o rancor do parceiro desavindo e sua desconfiança com o destino de seu préstimo; ou mesmo se verifica desleixo ou negligência dos cuidados com o infante, o que faz suspeitar o desvio da verba alimentícia, buscando-se conselho sobre ajuizamento de prestação de contas.

Em forma reiterada, a jurisprudência abjura a pretensão por impossibilidade jurídica do pedido: é que falta relação jurídica entre o prestador de alimentos e o vigilante do filho, pois o bônus é do último e não de quem o guarda; ou seja, o genitor acionado é parte passiva ilegítima para responder a demanda, admitindo-se apenas alguma medida de fiscalização dos valores aplicados ou de amparo ao alimentando, não sendo razoável ou prático impor-se a demonstração contábil sistemática das pequenas despesas que compõem o cotidiano do menor.

Ressalva-se o direito de o próprio filho exigir contas da mãe ou do pai quanto à pensão paga, o que pode ser feito através do Ministério Público.

8. Sexualidade e gênero

8.1. A união homoerótica e o novo Código Civil

As questões relativas à homossexualidade, antes restaram sufocadas pelo temor e pelo preconceito, sendo escassos os registros de demandas judiciais, assim como tímida a produção científica sobre o assunto.

O panorama se alterou nos últimos anos, alinhando-se como causas, a mudança comportamental, a soberania da subjetividade, a transformação dos paradigmas culturais; e, precipuamente, o fortalecimento dos movimentos de entidades que lutam pelos direitos civis, tanto que, hoje, são freqüentes as refregas forenses, a realização de seminários, simpósios e cursos, monografias universitárias, teses e dissertações, e elaboração de obras, sobre a união homoerótica e suas implicações sociais e jurídicas.

No âmbito das decisões judiciais, o Rio Grande do Sul foi precursor: assim a justiça federal concedeu direitos previdenciários ao componente de um núcleo homossexual, e o Tribunal de Justiça estabeleceu a competência das varas de família para dirimir as controvérsias entre parceiros do mesmo sexo, como nos dissídios sobre legados e testamentos, partilha de bens, etc.

Em 2001, a Sétima Câmara Cível do TJRS, ao examinar recurso contra veredicto que ordenara a divisão do patrimônio de um casal homossexual, embora sob a ótica de uma sociedade de fato, entendeu, por maioria, que dito relacionamento era união estável, julgado que ganhou projeção nacional, como primeiro no país a considerar o companheirismo homoerótico como entidade familiar (APC 70001388992, de nossa relatoria, j. 14/3/2001).

Ali se disse, para emoldurar o raciocínio, que a Constituição precisa ser lida de forma integrada, mas sensível ao momento atual, ancorando-se o entendimento no princípio da dignidade da pessoa humana, que, por vincular-se à autodeterminação, tem a sexualidade como alicerce da personalidade, o que inibe qualquer invasão na esfera individual.

Outro argumento utilizado foi o uso do princípio da igualdade, ligado à idéia de justiça e que não admite privilégios, repudiando a discriminação fundada na orientação sexual.

As uniões homoeróticas ainda se equiparam à união estável pela via analógica, o que implica na atribuição de um regime normativo originariamente destinado a uma situação diversa, ou seja, a comunidade familiar formada por homem e mulher, firmando-se a semelhança autorizadora na existência de uma comunidade afetiva, sexual, duradoura e permanente, características de ambas as relações.

Finalmente, apregoou-se que o artigo 226 da Carta Federal não é norma de exclusão, mas ao contrário, é regra de inclusão, abrangendo outras entidades familiares que não as formas ali consignadas, como acha o Superior Tribunal de Justiça, nas ações que versam sobre a impenhorabilidade do bem de família.

Dita decisão fez escola nos demais pretórios e, agora, foi adotada pela comissão revisora do novo Código Civil, ao propor emenda ao art. 1727 do dito diploma, sugerindo que as disposições referentes à união estável:

> (...) aplicam-se, no que couber, às uniões fáticas de pessoas capazes, que vivam em economia comum, de forma pública e notória, desde que não contrariem as normas de ordem pública e os bons costumes.

É o acatamento da postura da justiça do Rio Grande do Sul, sempre sensível ao tempo e à sociedade onde se insere.

8.2. O supremo tribunal e a união homossexual

O tribunal gaúcho consolidou o entendimento de que a relação homoerótica constitui forma de união estável abrigada na Magna Carta, com emprego dos princípios constitucionais, como o da dignidade da pessoa humana, que assegura a garantia da orientação sexual; da igualdade e da proibição de discriminações, além do uso da analogia com o matrimônio, que é o paradigma afetivo; e de repertórios jurisprudenciais que alargaram a abrangência do conceito de entidade familiar.

Os precedentes locais contaminaram julgados de outras províncias brasileiras, sendo natural a expectativa sobre a manifestação da Suprema Corte, já instigada por alguns recursos e argüições, pois dela redundará estreitamento da visão jurídica sobre a polêmica.

Embora isso ainda não tenha acontecido, importante sinalização foi dada em recente decisão monocrática, após provocação feita por entidade de homossexuais e transgêneros paulistas que alertavam a inconstitucionalidade da acepção de união estável contida na Lei nº 9.2778/96, norma que disciplinara a regra constitucional da união livre.

A pretensão não foi conhecida, pois a mesma definição já se encontra inserta no Código Civil, que reproduziu em seus aspectos essenciais o conteúdo normativo impugnado, o que exigiria, então, outra maneira de debate (ADI 3300 MC/DF, em 03.02.06).

Não obstante o afastamento da iniciativa em seu aspecto estritamente formal, o Ministro Celso de Mello avança na consideração da matéria de fundo, que entende de extrema importância jurídico-social; e registra que o magistério da doutrina, apoiada em valiosa hermenêutica construtiva alicerçada nos princípios fundamentais, revela a admirável percepção do alto significado de que se revestem o conhecimento do direito personalíssimo à orientação sexual, de um lado; e a proclamação da legitimidade ético-jurídica da relação homoafetiva como entidade familiar, de outro, passíveis de extrair relevantes conseqüências em favor dos parceiros homossexuais.

Esse olhar, segundo o relator, tem a virtude superar, no início do terceiro milênio, as incompreensíveis resistências sociais e institucionais fundadas em fórmulas preconceituosas inadmissíveis, calcando-se em doutrinadores que colocam em evidência a necessidade de se atribuir verdadeiro estatuto de cidadania às *uniões estáveis homoafetivas.*

A pioneira análise sedimenta-se, ainda, em trabalhos de juristas riograndenses, e elogia o caráter seminal que impregna julgamentos de pretórios setentrionais, únicos transcritos para substrato do erudito provimento (TJRS, APC 70005488812; e TRF/4ª Região, Revista 57/309).

A importância da dicção, contudo, está em agitar a natureza jurídica do relacionamento homoerótico como união estável, tratado ali como relevantíssima tese pertinente ao seu reconhecimento como entidade familiar.

É o primeiro passo na trilha, que vai se construir a medida que se caminha.

8.3. As uniões de fato e seu registro

Instado pelo Ministério Público, o Tribunal de Justiça do Estado se manifestou sobre a constante negativa dos tabelionatos em lavrar a escritura de união estável de pessoas do mesmo sexo; o que se devia, segundo a seção gaúcha do Colégio Notarial do Brasil, à dieta de lei ou provimento mandamental específico que justificasse o assento.

Atenta à importância do tema, a Corregedoria abriu expediente para exame da controvérsia, coroado com erudito parecer que examinou a questão do homossexualismo, a inflexão e efeitos na ciência jurídica, proclamados pela jurisprudência do pretório estadual, pioneiro em considerar a relação homoerótica como união estável (APC n° 70001388982, Sétima Câmara Cível, entendimento convalidado pela Corte em 09.05.03, nos EI n° 70003967676, Quarto Grupo Cível).

A possibilidade de inscrição da parceria civil é fato freqüente nos Estados Unidos, Dinamarca, Suécia, Holanda, Inglaterra, França e outros onde constam precedentes ou legislação em amparo a ditos casais, não se fazendo avesso o direito brasileiro, pelo uso dos princípios da igualdade, proibição de discriminação, liberdade e a garantia solar do princípio da dignidade da pessoa humana.

Como consectário do estudo e acolhendo a sugestão ali apontada, em 17.02.04 foi editado o Provimento n° 06/04-CGJ, que acrescentou um parágrafo único ao artigo 215 da Consolidação Normativa Notarial Registral (CNNR), e onde se prescreve que: "as pessoas plenamente capazes, independente da identidade ou oposição de sexo, que vivam uma relação de fato duradoura, em comunhão afetiva, com ou sem compromisso patrimonial, poderão registrar documentos que digam respeito a tal relação, o que se estende também às pessoas que pretendam construir uma união afetiva na forma anteriormente referida".

A permissão já existia naquela consolidação e na Lei dos Registros Públicos, mas não se implementava pelas dúvidas de interpretação e natural cautela no trato de assunto polêmico ainda revestido de preconceitos e reservas.

Assim ocorrera com o nascedouro do concubinato, tido como relação espúria, mas que se afirmou pela seqüência de medidas protetivas, impondo-se à consideração da sociedade até desaguar como entidade familiar na dicção constitucional e legislação reguladora, agora presente no novo Código Civil: qual advogado não recorda da elaboração dos *contratos de vida em comum*, com que se apaziguavam as restrições de pais conservadores ao namoro da filha solteira com homens *desquitados*?

O eco da medida provincial colocou o Rio Grande em apoteose no país; e a autorização funciona como estatuto que atribui segurança jurídica às relações oriundas das comunhões afetivas, agora munidas de instrumento para legitimar seus pactos de vida, acertando limites de sua duração, destino e regime de bens, guarda de filhos, fixando cláusulas de convivência e reiterando os deveres para a harmonia da união encetada, o que afasta demandas corrosivas.

A leitura do provimento deixa à calva a inexistência de qualquer veto à orientação sexual, franqueando o registro a qualquer parelha que viva em união estável, desde que formada por pessoas capazes em público congresso afetivo.

8.4. A palavra e a realidade sexual

Ninguém desconhece a força íntima da palavra, capaz de enternecer, mas apta a ferir; pois contém carga que supera o limite das sílabas, podendo afetar os costumes, erigindo ídolos e demolindo mitos.

Assim ocorre com o dicionário da sexualidade, permeado de vocábulos oriundos de superestrutura que se forma a partir de algumas convicções, que se aparentam óbvias e indubitáveis aos olhos dos contemporâneos, embora sem relação concreta com os fatos.

Como toda época produz crenças sobre o bem e o mal, o século XIV proclamou a existência da *feitiçaria*, e para tanto era necessário que houvesse *bruxas*, personagens macabras e vis; como complemento, surgiram mulheres que sentiam e agiam como tal, e mais moralistas, religiosos e médicos que se digladiavam em infindáveis querelas sobre as causas e manifestações desse diabolismo; então originou-se um imaginário de funestas conseqüências, construído apenas a partir de uma simples palavra, crendice que foi soterrada pelo movimento racionalista.

Em tempo recente, passou-se a acreditar numa divisão natural dos sujeitos em *heterossexuais, bissexuais e homossexuais*, o que se impôs como uma verdade científica, universalmente válida e como um dado intuitivo e imediato da consciência.

Ora, somem-se ao grupo os *multissexuais, assexuais* e *alien-sexuais*, estes formados por homens e mulheres que têm especial atração pelos entes extraterrestres.

Pois bem, quanto aos últimos, e só por obra de uma expressão, novas gerações aprenderiam as razões do sentimento com tais seres planetários, aparecendo livros, vídeos e programas com informações sobre o assunto; seriam organizados encontros e conferências para apurar as causas genéticas, psicológicas ou históricas deste estranho amor; e também movimentos em defesa dos direitos civis dos alienígenas, uns dizendo que a paixão era tendência antinatural, outros preocupados com a ameaça de extinção da raça humana por abstinência reprodutora.

Consoante Freire Costa, a subjetividade e sexualidade são apenas *realidades lingüísticas*, não havendo uma coisa sexual objetiva em si que preexista à forma como se conhece através da palavra, que não é o que se diz, mas aquilo que ela diz ser.

Uma vez criados os dispositivos idiomáticos de crenças ou hábitos morais, tornam-se absolutos na delimitação sexual de cada indivíduo, assinalando-os com a etiqueta da certeza, quando representam nada mais que simples termos sem conteúdo ou vínculo à realidade.

A sabedoria recomenda a troca simples do vocabulário, o que favorece a eliminação do problema; e assim, realidades que pareciam relevantes passam a não ter qualquer importância, como ocorreu com o glossário das bruxas e a feitiçaria.

Desta maneira, o emprego da palavra *homoerotismo* em substituição ao homossexualismo afasta perguntas e derruba o preconceito que tinge a última orientação.

8.5. Como uma onda no ar

A homossexualidade desfila rumo à praça da apoteose, tantos são os fatos e as incidências que o fenômeno ganha nestes dias, nas novelas discutindo a possibilidade de adoção de crianças, nas reportagens pugnando pela aprovação da lei da parceria civil, na literatura, no cinema.

O fenômeno não é nacional, como destaca a leitura de autores policiais estrangeiros, onde sempre há uma detetive lésbica, um artista homossexual, um personagem uranista.

Em filme recente, uma universitária abandona marido e filhos por sua professora, que logo a desampara atraída por outra aluna, embora as cenas de tórridas tardes; num vale a pena ver de novo, projeta-se o cultuado episódio do aidético que luta contra a discriminação, enquanto se comove com árias.

O termo *homossexualidade* foi cunhado em 1869 pelo médico húngaro Karoli Maria Kertbeny para designar, segundo uma terminología clínica, todas as formas de amor carnal entre as pessoas do mesmo sexo, impondo-se nas sociedades ocidentais à palavra *heterossexualidade*, que foi criada em 1888.

A história revela que os homossexuais foram perseguidos durante séculos como verdadeiros párias, sodomitas, homófilos ou pederastas, portadores de anomalias e taras; e sendo a homossexualidade considerada, sucessivamente, como inversão, perversão, sintoma derivado de circunstâncias psicossociais, desajuste comunitário, desvio adquirido do impulso sexual, enquanto prestigiados cientistas atuais a atribuem a um estado da natureza com fortes origens biológicas o não culturais.

Segundo Freud, não é uma vantagem, mas nada dela deve envergonhar, não é um vício ou aviltamento, nem doença, mas uma variação da função libidinosa provocada por uma interrupção do desenvolvimento sexual; enquanto para o discurso psiquiátrico do século passado a homossexualidade era tida como uma anomalia psíquica, mental ou de natureza constitutiva, sempre como uma expressão de um distúrbio da identidade ou da personalidade.

Os tempos modernos apresentam alguns sinais extravagantes e inéditos, e que foram precisamente flagrados por Elisabeth Roudinesco, apreciada historiadora e psicanalista francesa: há entre os homossexuais um febril *desejo de família,* uma pungente vontade de se *normalizar.*

Dê-se uma freada nas épocas e recorde-se o passado.

Nas sociedades pretéritas os homossexuais percorriam as estradas da abjeção, da desonra e da infâmia, alimentando a longa história da *raça maldita,* de que foram expressão artistas como Wilde, Proust, Rimbaud, Genet, aceitando um destino de *anormalidade,* preferível a seus olhos à monotonia do estabelecimento, combatendo sempre todos os tipos de opressão, como a familiar, colonial e sexual.

Durante muito, os homossexuais preferiram os nichos de isolamento, as comunidades alternativas, os guetos da obscuridade, cumprindo atitudes que intentavam o escândalo, o desprezo pelos costumes e pelas regras da convivência, sendo a família contestada, rejeitada e proclamada como funesta às madrugadas da liberdade sexual, e amaldiçoada como instituição e molde.

Agora, todavia, sem que antropólogos, psiquiatras, filósofos, historiadores ou sociólogos cheguem a um consenso convincente, registra-se o cenário inédito em que as parcerias de gays e lésbicas batalham e reivindicam o direito ao casamento, à adoção, à fertilização assistida, ajoelhando e dizendo amém no altar que exorcizavam.

Para a autora, enquanto contestadas, as minorias se tornavam reconhecíveis, identificáveis, marcadas, estigmatizados, o que facilitava o seu controle e repúdio; mas quando integrados no grupo social, ao se beneficiar da condição de família semelhantes aos casais heterossexuais, tornam-se menos visíveis e daí mais perigosos aos olhos dos conservadores.

Enfim, saindo-se das clínicas e dos laboratórios, é inquestionável que o homoerotismo é uma realidade que não se pode fechar nos armários como antes, e que deve ser mirada sem preconceitos ou farisaísmo, respeitando quem cultua tal orientação sexual, todas pessoas portadoras de dignidade e atenção, como já faz a maioria dos tribunais pátrios.

8.6. Adoção por casal do mesmo sexo

O direito não é conterrâneo aos fatos, mas tardo em fazer o regramento do acontecido, precisando de maturação, onde medita com prudência sobre a recidiva do episódio.

Contudo, quando se inclina para a mudança do paradigma vigente, soam as trombetas do anátema e o anúncio do fim dos tempos, principalmente quando se arranham estruturas empedernidas ou se contraditam velhos conceitos.

Foi assim quando se protegeu o concubinato, achando-se que a lei estava a pregar o amor livre e a contumácia adulterina; também com o divórcio, que seria a causa de demolição do prédio matrimonial e da estirpe brasileira; ou ainda quando se trouxe ao debate as questões de gênero e de sexualidade, tidas como toxinas aos bons costumes e à moralidade pública.

Ora, passaram-se os anos e a família persiste como espaço de afetos, adaptada à funcionalidade de sua organização, onde os membros buscam o bem estar e a colaboração mútuas; a sociedade percebe que as instituições continuam firmes e que orientações diversas são insuficientes para alterar a conduta pessoal ou macular o pluralismo democrático.

Assim acontece com decisões judiciais contemporâneas que aceitam a possibilidade de adoção por casal do mesmo sexo; desvirginadas nesse estado, ora se reproduzem em outros foros do território nacional e nada mais acentuam senão uma conseqüência do reconhecimento desses pares como relação constitucionalizada.

É que aceito o convívio homoerótico como entidade especial a que se endereçam as regras da união estável, o próprio estatuto dos menores e dos adolescentes garante ao companheiro o direito de adotar o filho do parceiro, daí derivando a interpretação abrangente que sedimenta os veredictos pronunciados, além de constatações técnicas que não renegam a intenção.

O conjunto de pesquisas operadas em outros países, e agora divulgadas em importante trabalho acadêmico, demonstra que as crianças adotadas por grupos homoparentais não revelam sensíveis diferenças de comportamento ou educação em relação aos pais heterossexuais e que as primeiras podem ser tão bons genitores com os demais; que o sexo dos pais não é importante para o bom desenvolvimento das crianças, mas a qualidade da relação que consigam estabelecer com os filhos; que o exercício das funções paterna e materna se dá de acordo com as preferências de cada um, não havendo necessariamente um rígida divisão de um papel masculino ou feminino dentro do lar; que não há dificuldades para os filhos adotados de nomear os pais, embora de mesmo sexo; que a orientação sexual dos filhos não está referida com a dos ascendentes, tanto que os homossexuais provêm de pais heterossexuais; que não há dados relevantes que indiquem o abuso dos filhos como uma característica destas famílias, sendo os indicadores similares aos dos casais de sexo diverso; que as crianças lidam com o preconceito, desde que o ambiente familiar trate com transparência ditas questões.

Não é demais recordar que quando se adota há inclusão em nova família, com forma definitiva e aquisição de vínculo jurídico; e eventuais barreiras que se levantem contra a adoção por casal de mesmo sexo impedem acesso de inúmeros menores a uma vida digna, bem como a possibilidade de serem retiradas da marginalidade e da miséria.

O tribunal gaúcho afirma que estudos especializados não apontam qualquer inconveniente em que as crianças sejam adotadas por homossexuais, importando mais a qualidade do vínculo e do afeto que permeia o meio familiar onde serão inseridas e que as vincula aos seus cuidadores; e que está na hora de abandonar preconceitos e atitudes hipócritas desprovidas de base científica para seguir postura firme em defesa da prioridade constitucional voltada para crianças e adolescentes (APC 70013801592, Rel. Des. Luis Felipe Brasil Santos).

8.7. O transexualismo e o direito

O Hospital de Clínicas de Porto Alegre abriga grupo composto por profissionais de várias áreas, que ouve os candidatos à redesignação do estado sexual, avaliando-se as possibilidades de submetê-los à *"cirurgia para transgenitalização do tipo neocolpovulvoplastia ou do tipo neofaloplastia, com procedimentos complementares sobre gônadas e caracteres sexuais secundários"*, em outras palavras, intervenção para mudança de sexo.

A operação é autorizada pelo Conselho Federal de Medicina através da Resolução nº 1.652/02, desde que observado desconforto com o sexo anatômico natural, desejo expresso de eliminar as genitais, perdendo as características primárias e secundárias do sexo, permanência dos distúrbios de forma contínua e consistente, no mínimo por dois anos e ausência de outros transtornos mentais.

A seleção dos pacientes, como sublinhado acima, obedece a uma avaliação de equipe interdisciplinar durante dois anos, a ela se sujeitando os maiores de 21 anos, após diagnóstico médico de transgenitalismo e ausência de características físicas inapropriadas para a cirurgia.

Exige-se que o ato médico para adequação do fenótipo feminino para masculino somente se realize em hospitais universitários ou públicos, enquanto a mudança inversa pode ser operada em estabelecimentos públicos e privados.

A cirurgia homem-mulher requer mamoplastia e prótese para as mamas, remodelamento da cartilagem laríngea, plástica do abdome, a rinoplastia(cirurgia de nariz) e a eletrocoagulação que elimina os pelos, além da remoção dos testículos, a formação de uma neovagina com a cútis invertida do pênis, a reconstrução das genitais com o tecido escrotal; já a intervenção mulher-homem, pede mastectomia (extirpação da mama), histerectomia (retirada do útero), ovariectomia bilateral (ablação dos ovários), remodelamento da aréola da mama, remodelamento do tórax, a construção de um neopênis usando o transplante do tecido cutâneo abdominal ou retirado do antebraço.

Ainda deve ser consultada a Comissão de Ética do hospital e obtido do paciente o consentimento livre e informado.

Embora ainda tratado como fato social indiferente ou mesmo com preconceito, o transexualismo representa um fenômeno recorrente da vida moderna, sendo hoje considerado como um *Transtorno da Identidade de Gênero, TIG*; ou seja, um desejo de viver e ser aceito enquanto pessoa do sexo oposto, que se acompanha por um sentimento de mal-estar ou de inadaptação por referência a seu sexo anatômico; e do desejo de submeter-se a uma intervenção cirúrgica ou a um tratamento hormonal a fim de tornar seu corpo tão conforme quanto possível ao sexo desejado, segundo a Classificação Internacional de Doenças (CID/10).

O transexual é alguém convencido de que pertence ao sexo oposto ao indicado por sua genitália, a que alia uma sensação de estranheza quanto ao próprio corpo, o desejo de viver com membro do grupo oposto e a busca incessante pela alteração de sua aparência física para adequar-se ao sexo almejado.

Iniciado na infância anota-se uma angústia persistente em relação ao sexo designado, uma permanente conduta de jogos, atividades, vestimentas e relacionamentos característicos do sexo oposto, que segue na adolescência com tratamentos hormonais, depilação, cirurgia de mamas e faces; leva uma vida isolada com baixo impulso sexual, tentativas de castração, uma obsessão com sua transformação corporal.

Desconfiados, os transexuais trivializam seus problemas, descartam a homossexualidade, desenvolvem algumas características histriônicas e paranóides, exercem atividades do estereótipo contrário, como cabeleireiro, telefonista, bailarino, prostituição, ou, na situação contrária, as profissões tipicamente masculinas, como ensina a psiquiatra gaúcha Maria Inês Lobato.

Como visto, o transexualismo é um transtorno de identidade de gênero, ou seja, um distúrbio em que a pessoa sente-se presa a um corpo que não condiz com seu estado emocional, o que gera um conflito permanente.

Se homem deseja viver como mulher, e, se mulher, como homem, situação que não enseja tratamento psicológico exitoso nem outra forma de auxílio salvo a cirurgia, assessorada antes e depois por cautela terápica.

Além da área médica, o fenômeno desperta cada vez mais atenção na literatura jurídica, além dos meios acadêmicos, onde crescem os ensaios de conclusão de curso ou na pós-graduação.

Aqui no Estado um dos trabalhos pioneiros foi do saudoso advogado José Francisco Oliosi da Silveira (*O transexualismo na Justiça: Eros x Themis*, Síntese, 1995), seguindo-se artigos da psiquiatra Maria Inês Lobato, tese da Dra. Elizabeth Zambrano e monografia de conclusão da Dra. Silvia Zorete Abrussi, da Ulbra (*Transexualismo: o direito a uma nova identidade*), além de outras produções também relevantes.

Não é necessário sublinhar que o transexualismo não se confunde com o *travestismo*, próprio do indivíduo que obtém prazer em vestir-se com as roupas do sexo oposto, nem com o *homossexualismo*, comportamento e orientação sexual especial, um estilo de conduta ou com o *hermafroditismo*, intersexualidade com existência de gônadas de ambos os sexos.

No país a primeira redesignação sexual ocorreu em 1971, quando o médico paulista Roberto Farina fez a transgenitalização, de homem para mulher, em W.N., gerando processo por crime de mutilação contra o profissional, o que lhe acarretou condenação e cassação do exercício da medicina; mas antes, em Casablanca, o brasileiro A.G., conhecido por *Jaqueline*, já fora o primeiro latino-americano operado.

No âmbito penal, mais tarde, entendeu-se que o crime não ocorria, pois se cuidava de expediente reparador, uma correção de um problema de saúde, uma cura de anomalia, onde o consentimento funciona como causa autônoma de exclusão da ilicitude, invocando-se o regular exercício de direito para afastar a antijuridicidade do ato médico.

Também o Conselho Federal de Medicina passou a aceitar a cirurgia de conversão sexual, autorizando o procedimento a título experimental, desde que constatado ser o paciente portador de desvio psicológico permanente de identidade sexual, com o que se afastou qualquer arranhão à ética médica, pois não havia lei que a prescrevesse como infração penal.

Atualmente tramita no Congresso Nacional projeto de Lei que busca regulamentar a cirurgia de alteração de sexo e posterior mudança no registro civil (PL n° 70-B/1995, autor Dep. José Coimbra).

Em sede forense, a questão pendular é a discussão que se trava é sobre o direito da pessoa alterar seu nome e sexo no registro civil, após operação de transgenitalização; principalmente depois que antiga jurisprudência da Suprema Corte considera dita demanda derivada de operação plástica como pedido juridicamente impossível, pois se a natureza criara apenas dois sexos, decisao humana não a podia retificar.

Como já asseverado, o transexual vive o conflito entre a existência de um sexo biológico e ânsia interna de adaptá-lo a sua verdadeira realidade psíquica, o que consegue superar, no âmbito anatômico e fisiológico, pela cirurgia de alteração das gônadas e plásticas correspondentes.

Todavia, há uma barreira a vencer que é a de também transferir para seu registro civil os efeitos da modificação implantada, permitindo que o assento corresponda à transgenitalização.

Neste aspecto, para a respectiva demanda judicial, já que não há possibilidade ainda de operar-se a alteração somente com o prontuário médico perante o ofício público, entram em testilha diversos diplomas legais, para sustentar a pretensão posta.

Em primeiro, a eficácia do sempre festejado princípio da dignidade da pessoa humana, que se constitui no pilar de todo o ordenamento jurídico nacional e que faz qualquer indivíduo merecedor da consideração do Estado, como sujeito de direitos e titular do respeito comunitário (CF, artigo 1, III, CF).

Depois, a Lei dos Registros Públicos, que aceita a mudança dos prenomes em certas situações (Lei n° 6.015/73), o que resta agora sufragado pelo Código Civil, que garante a todos o direito ao nome, nele compreendidos o nome e o sobrenome (CC, artigo 16), além, ainda, da aplicação de outros axiomas constitucionais, como os princípios da igualdade, da intimidade, da vida privada e da imagem individual (CF, artigo 5, *caput* e X).

Com tais alicerces, o Tribunal do Rio Grande do Sul, de forma pioneira e diversamente do que acontece em outros respeitáveis pretórios pátrios, têm albergado as postulações dos que, submetidos à cirurgia de transgenitalização, buscam a correspondência de uma nova identidade civil, afastando a possibilidade de inúmeros problemas derivados da veracidade do conteúdo do registro feito quando do nascimento.

Assim, embora a pessoa biológica e somaticamente se mantenha no sexo original, é possível solução alternativa que, mediante averbação, se anote que a pessoa modificou o seu prenome e passou a ser considerado como do sexo feminino em virtude de sua transexualidade, sem impedir que alguém possa tirar informações a respeito (APC 595.178.963, julgada em dezembro de 1995).

Por outro lado, o fato de ser a parte autora da ação um transexual e exteriorizar tal orientação no plano social, vivendo publicamente como mulher, sendo conhecido por apelido que constitui prenome feminino, está justificada a pretensão já que o nome registral está em descompasso com àquela identidade, levando seu usuário a situações vexatórias ou de ridículo (APC 70.000.585.836, julgada em 31.05.00).

Como se vê, em pleitos em que se busca a retificação do prenome para adequação às operações realizadas após o lapso ordenado pelo Conselho Federal de Medicina, a posição majoritária da jurisprudência gaúcha tem sido a de compreender estas novas realidades sociais, permitindo que seus titulares obtenham a sua redesignação sexual, pois o registro público, além do efeito constitutivo, tem outros comprobatórios e publicitários, sendo preciso afastar-se de uma vocação estritamente legalista ou de conselho religioso, para enfrentar os desafios do tempo moderno.

8.8. O nome do transexual

Um dos temas amiudados no âmbito da sexualidade e dos direitos reprodutivos envolve debate sobre a situação dos transexuais e os efeitos jurídicos decorrentes da transgenitalização.

Pensado com algum preconceito, o transexualismo é um fato dos dias presentes; e consiste em transtorno de identidade em que a pessoa não aceita permanecer com sua anatomia original, convencida que pertença a outro gênero, distúrbio que lhe causa dissabor e aflição; o incômodo almeja pronta redesignação, para que o corpo assuma a personalidade que a alma balbucia, neste diálogo áspero travado entre o sexo aparente e o sexo psicológico.

A cirurgia se tornou possível depois de resolução da entidade médica, inicialmente tida como procedimento experimental, hoje com a chancela do serviço sanitário, desde que realizada em hospital universitário ou público, quando se cuide de adequação para o fenótipo masculino; em estabelecimento público ou privado, quando se refira à situação inversa; e sempre depois de estrita observância de pauta de exigências, composta de terapias, entrevistas e perícias perante uma equipe multidisciplinar, que se desenrola durante dois anos, indispensável requisito para a aprovação do ato médico.

Efetuadas a neocolpovulvoplastia (muda do masculino em feminino) ou a neofaloplastia (muda do feminino em masculino), a modificação de sexo encaminha a provocação judicial para alterar os dados constantes no assentamento civil.

As demandas forenses apontam notória e gradual flexibilização, opondo-se à posição inicial da Suprema Corte que entendia descaber ao homem corrigir a natureza.

As primeiras decisões foram desfavoráveis às pretensões aforadas, considerando que o fenômeno afrontava a biologia e que o autor não podia beneficiar-se de erro ou inverdade a que contribuíra com sua volição.

Logo, em novas investidas, embora a posição majoritária fosse contrária, os acórdãos revelam votos minoritários aderindo ao desejo pleiteado; e após se inverte a dominância, prevalecendo a possibilidade de modificação de sexo e nome no álbum cartorário.

Dois veredictos recentes fugiram dos padrões habituais e se acomodaram em nichos peculiares, embora ainda sem ressonância capaz de gerar precedente inquestionável.

Em um dos casos, a pessoa havia se submetido a quatro anos de atendimento no programa hospitalar e as operações para retirada das mamas, útero, ovários e trompas, faltando somente a implantação peniana; e narrava o constrangimento derivado do cotejo de seus documentos com a ablação dos órgãos.

Em decisão unânime, o tribunal autorizou a averbação do novo sexo, mesmo sem completar a nova modelagem (APC 700.116.911.85).

E há pouco foi mais longe, quando deferiu a mudança de nome de quem sequer ainda passara por qualquer procedimento, apenas constando entre os inscritos do sistema, ante a argüição de dissídio social com a denominação masculina.

Segundo o julgado, o nome assume fundamental importância individual e comunitária como fator determinante da identificação, encerrando a qualidade de direito personalíssimo e atributo da personalidade, aqui emanação do princípio da dignidade, o que justificaria o pleito, aliado à notícia de que a intervenção médica deva ocorrer em breve (APC 700.139.098.74).

9. Personagens históricos e a família

9.1. Jesus e a dignidade feminina

A discriminação da mulher é comum nos pergaminhos que descrevem a estrutura das sociedades do passado, chegando às raias do desprezo e da abominação, muitas vezes relegada a uma classe pouco superior aos animais.

Eurípides almejava que a mulher não tivesse serva, mas devia viver entre feras mudas, assim nada tendo a dizer ou de quem ouvir alguma palavra; Sócrates lhe tinha desprezo, Platão aconselhava a companhia dos jovens para os jogos do sexo, Aristóteles reconhecia nelas uma natureza defeituosa; Nietzsche recomendava a companhia do açoite quando a visitasse, Dostoievski advertia que só o diabo a entende e Santo Agostinho, embora a devassidão pretérita, pensava que a mulher apenas se comprazia com o espelho.

São Paulo, que retirou as personagens femininas da cena da cruz, propugnava que as mulheres fossem submissas aos maridos e obrigadas ao cumprimento do débito conjugal; e o historiador Flávio Josefo as reputava como seres inferiores ao homem, em todos os sentidos.

Na sociedade judaica, as mulheres não podiam estudar as Escrituras, a ponto de um rabino afirmar que ensinar o Torá à filha era ministrar-lhe a lascívia; como as crianças e os escravos, as mulheres não podiam recitar as orações matinais ou às refeições; eram proibidas das rezas públicas, nem computadas para completar o número de uma comunidade em oração; no templo quedavam-se no pátio externo, alguns degraus abaixo dos homens; nas sinagogas também ficavam separadas, sem permissão para ler em voz alta ou assumir alguma função religiosa; também não podiam testemunhar nos tribunais, pois sua palavra tinha pouco valor; quando menstruadas eram tidas como impuras e capazes de contagiar o que tocassem.

O Talmude dava graças ao divino por não ter criado o gentio, o homem ignorante e a mulher, pois quando nascia um menino todos se alegram, mas tristes ficam no parto feminino, pois a mulher é gulosa, mexeriqueira e preguiçosa; o livro sagrado recomendava que o homem, na rua, não conversasse com mulher, ainda que fosse sua esposa, filha ou irmã, pois isso lhe traria infelicidade e o inferno; as mulheres permaneciam cobertas em casa, de onde apenas saiam para a sinagoga e, na via, só podiam falar com o marido, para não despertar suspeitas; às meninas era vedado transpor os umbrais entre as acomodações masculinas e femininas.

A poligamia era aceita apenas para o homem, que podia se divorciar com facilidade, enviando simples comunicado, mas as mulheres não tinham permissão para dissolver a sociedade conjugal, salvo a esposa do curtidor de peles, desde que provasse que o cheiro do corpo dele era insuportável; a mulher solteira ficava sob a tutela paterna; casada, pertencia ao marido; e viúva, ao irmão do finado, se desimpedido; não tinha direito à herança, pois era bem patrimonial do companheiro; caso surpreendida em adultério era apedrejada até a morte (lapidação).

Essa visão preconceituosa não era estranha à Igreja primitiva, pois ali as mulheres também não podiam tomar parte em assembléias, deviam guardar o silêncio, e apenas obter informações através dos maridos, em casa (I Cor, 14, 34), discriminação que se flagra nos evangelistas onde somente João registra o episódio da adúltera (8, 1-11).

Jesus deu dignidade à mulher ao retirá-la da posição inferior em que fora colocada como fez com coxos, pecadores e pobres, pregando a igualdade e a liberdade de todos perante o reino celeste, atitude que rompeu tabu e revolucionou os paradigmas da sociedade palestina.

Os historiadores anuem que a mensagem de Jesus sublevou os costumes judaicos e elevou os pilares do mundo feminino à dignidade humana, rompendo os grilhões que apequenavam as mulheres, relegadas à subserviência e à isolação.

Os evangelhos confirmam o sentido libertário de seus preceitos e a obstinação em acentuar pregação igualitária, sempre aliada a uma conduta pública comprometida; e as narrativas são expressivas em apontar a divina intenção de restabelecer a nobreza pessoal aviltada e de sua ternura em distingui-las.

Não é por acaso que a primeira aparição de Jesus foi para Maria Madalena, que viera com a outra Maria visitar o sepulcro, a quem ordenou que fosse anunciar o que vira aos discípulos (Jo, 20, 11ss; MT, 28, 9ss); valorizou o gênero, quando comparou o reino dos céus ao fermento que a mulher toma e mistura para enriquecer a massa (Mt, 13, 33).

As curas operadas, e muitos milagres, tiveram as mulheres como destinatárias ou foram atenções a súplicas femininas, como ocorreu com a filha de Jairo (Mc, 5, 22 ss), o filho da viúva em Naim (Lc, 7, 11 ss), a ressurreição de Lázaro, depois do pedido das irmãs (Jo, 11, 33 ss), e o restabelecimento da mulher menstruada a doze anos, tida como impura e capaz de contaminar quem a tocasse (Lc, 8, 43 ss).

Em diversos momentos proclamou o respeito à mulher e censurou os hipócritas, como na casa do fariseu que o convidara para a refeição, onde a mulher arrependida banhou seus pés com lágrimas e os enxugou com os cabelos (Lc, 7, 36 ss); ou quando pediu água para a samaritana, com quem os judeus não podiam conversar (Jo, 3, 7 ss).

Numa visita, sentindo Marta ocupada apenas com os afazeres domésticos, Jesus dirigiu elogios a Maria que preferira escutar suas lições, prestigiando àquela que abdicava do papel subalterno para dedicar-se às coisas do espírito (Lc, 10, 38 ss).

Em outro instante, salientou a dignidade do casamento e a monogamia, reprovou o divórcio e a infidelidade (Mt, 19, 9 ss), ensinando a grande lição da tolerância e do perdão, quando desafiou escribas e fariseus a atirar o primeiro seixo na mulher que fora surpreendida em adultério pelo marido, e que devia ser apedrejada até falecer (Jo, 8, 2 ss).

Relembre-se que Jesus percorria cidades e aldeias acompanhado pelos apóstolos e por algumas mulheres, casadas ou não, que ajudavam nos afazeres e nas despesas das viagens; e aprendiam as escrituras, o que não lhes era permitido, como Maria Madalena, Joana, Susana, mulher de Cusa, e outras, como Salomé, esposa de Zebedeu e Maria, mãe de Tiago Menor e José (Lc, 8, 1 ss).

A trajetória do martírio, a morte de cruz, o sepultamento e a ressurreição contaram com o testemunho feminino, dolorosa retribuição de afeto a quem deu à mulher a proeminência de pessoa, feição histórica que não pode ser apartada do sacrifício da redenção.

9.1.1. Jesus e o princípio da igualdade

Os pintores retratam realidades históricas e flagrantes de época, mas às vezes as tintas disfarçam leitura ideológica ou mensagem encoberta.

Assim acontece com as telas que estampam o martírio de Jesus, onde o derradeiro suspiro divino é assistido, em regra, pelas pessoas que constam dos relatos bíblicos.

No entanto, há uma moldura que desobedece a esse padrão e acrescenta José de Arimatéia ao pé da cruz junto com Maria, João e Maria Madalena, aparente demonstração da liberdade que desfruta o processo criativo, eis que artistas famosos incluíam amigos, desafetos ou eles próprios em muitos de seus quadros.

Em verdade, o autor quis ali surpreender a sociedade daquele tempo, então estruturada em homens livres, *animais*, mulheres, crianças e escravos, exatamente composta nesta degradante ordem, onde os cavalos podiam aspirar à senatoria, o que se vedava aos que se situasse abaixo de sua hierarquia.

O tormento da crucifixão, punição reservada às classes inferiores, degradados e rebeldes das classes superiores, foi festejado pelos poderosos, militares e sacerdotes, mas a glória da salvação ficou restrita aos excluídos que rezavam na falda do sangue derramado; e que também carregaram o estigma da abjeção e o espinho do desprezo social: a mulher (Maria), o jovem (João), a meretriz (Maria Madalena) e o idoso (José de Arimatéia).

O esteta apenas não desenhou os animais, pois como dizem as escrituras, os cães e as aves de rapina espreitavam a putrefação dos crucificados.

O magistério revolucionário de Jesus levou doutrinadores à tentativa de associá-lo à seita dos zelotas, aos essênios ou aos fariseus, três das mais proeminentes seitas que se opunham à dominação romana, embora com estratégias diferentes.

Os zelotas eram guerrilheiros galileus, admitiam o uso da força para salvar Israel, constando que alguns apóstolos eram simpatizantes do movimento, tendo se aproximado de Cristo, fascinados por sua mensagem libertária.

Assim Simão, o Cananeu, apelido que significa *zelota* em aramaico; Judas Iscariotes, cuja alcunha quer dizer *sicário* ou *facínora*, que se malogrou com a mansidão do líder, daí a traição; talvez Pedro, que não queria impedir a missão de sofrimento; os filhos de Zebedeu, eis que o pedido de sentar à direita ou à esquerda é zelota; o dístico de rei dos judeus, colocado na cruz, indicaria uma condenação como zelota, por rebeldia contra o Estado romano.

A comunidade dos essênios, formada por judeus circuncidados, criticava o sacrifício de animais no templo, não aceitava a legitimidade da casta de sacerdotes, eram inimigos do pecado e de Satanás, e acreditavam que o Deus de Israel venceria a morte; rejeitavam os pagãos, excluíam os defeituosos, eram celibatários na maioria, viviam de forma fraternal.

A crença dos fariseus muito se assemelhava a de Jesus, eis que confiavam na ressurreição, eram contrários à pena de talião, diziam que não se devia fazer ao próximo o que não se quer para si, alega-se que Arimatéia era um deles; quando o cristianismo cresceu e os fariseus já dominavam o judaísmo, a seita viu nos discípulos de Jesus uma ameaça a seu poder, proibindo o acesso à sinagoga, daí a condenação nos evangelhos.

A sociedade de então era constituída por ricos (Herodes), dignitários da Corte, mercadores, coletores de impostos (Zaqueu); depois a classe média, organizada pelos comerciantes e marceneiros (Jesus), lavradores independentes; e abaixo, os diaristas, os servos contratados, os ambulantes, os camponeses sem terra, que iam para a marginalidade (Barrabás), os escravos.

A mensagem de Jesus foi uma mudança de paradigma numa estrutura agrária, oligárquica e injusta, sua prédica assentou-se na defesa do espírito de concórdia e da tolerância, mandando dar o manto para quem fizesse processo para tomar a túnica, sem oferecer resistência ao homem mau; seus sermões recomendavam a humildade e a discrição, para não parecer os hipócritas que gostavam de rezar em pé nos templos.

Adiantando-se às revoluções e antes da lei promulgar que todos são iguais em direitos e obrigações, veio do nazareno a lição que o discípulo não é melhor que o mestre ou o servo melhor que seu senhor, pois todos nascem com o mesmo respeito e dignidade.

9.2. Santo agostinho e sua concubina

Se um homem vive com uma mulher durante algum tempo, mas somente até encontrar outra que valha mais a pena em termos de posição social ou privilégios, comete adultério em seu coração, não contra aquela que ele buscava, mas contra quem ele vive, embora não sejam casados.

Quando começo alguma palestra sobre a união estável sempre indago da platéia se imagina quem é o autor do trecho epigrafado; e colho a perplexidade dos ouvintes quando revelo que pertence a Santo Agostinho, que viveu durante quinze anos em concubinato com uma mulher e *"somente com ela, já que fui fiel a sua cama"*, como narra em sua obra mais conhecida.

Agostinho nasceu em 13.11.354, no povoado africano de Tagaste, na Numídia romana, hoje território argelino, filho de Patrício, pagão e Mônica, cristã, pertencentes a uma classe média baixa. Tendo a mãe como pedagoga, estuda numa escola primária de sua cidade natal, e gosta mais de jogar que ler ou escrever.

O ensino médio ocorre na vila vizinha de Madaura, onde aprecia o latim, assimilando com perfeição a gramática, a sintaxe e a prosódia, deliciando-se com os versos de Virgílio.

Aos dezesseis anos, não podendo continuar os estudos por falta de recursos, sua ociosidade é abalada por uma puberdade de lascívia, interrompida pela generosidade de Romaniano, um mecenas que favorece sua educação em Cartago, cidade cosmopolita, onde se dedica à retórica, ali na companhia de Mônica, a mãe a quem diz tudo dever e que o converterá ao cristianismo.

Avizinhando-se dos dezoito anos, com o coração incendiado pela paixão ardente por Una, passa a com ela viver maritalmente, o que se prolonga por catorze anos, nascendo o filho Adeodato, ou *"Dado por Deus"*, pois o pai não queria tê-lo.

Retornando à cidade natal com a companheira e o filho, Agostinho inicia seu invulgar magistério, em escola particular, mas retorna para Cartago, aonde, por seu brilho pessoal vai para

Roma lecionar Arte Retórica, logo sendo aprovado em concurso de provas para a Cátedra Imperial de Retórica de Milão, aos trinta anos.

Antes da conversão, Agostinho conhece as delícias do triunfo intelectual no exercício da cátedra Imperial de Retórica e Artes Liberais na metrópole milanesa; como visto, antes pertencera à baixa burguesia africana, seus pais eram de condições modestas, mas o exercício do magistério o eleva a dignitário do império romano, passando a pertencer à elite culta e a um dos mais altos estratos sociais.

A ascensão social tem um doloroso custo, pois só poderá casar com mulher da mesma hierarquia, o que vai ferir sua relação concubinária de tantos anos.

É que a parceira com quem possui filho natural, embora desfrute do estado de liberdade e cidadania e não seja escrava, tem impedimento jurídico para o casamento, em vista da desigualdade de ordens, níveis e classes: assim, é proibido *aos varões com dignidade mais alta, contrair matrimônio com mulheres de dignidade inferior*, consoante as prescrições das leis Júlia e Papia.

Na Roma clássica o conturbérnio, o concubinato e o matrimônio constituíam as três formas de uniões livres entre homem e mulher e que repercutiram na estrutura vigente no direito privado moderno.

O conturbérnio era a união estável de leito entre escravos ou entre um homem livre ou cidadão e uma escrava, e cujos filhos não era tidos como pessoas ou sujeitos jurídicos, mas como *coisas*, já que o servo não tinha qualquer direito

O concubinato é o compartilhamento habitual de leito entre homem e mulher livres não vinculados pelo casamento. A concubina é a companheira de cama (*cum*, companheira; *cubare*, leito), e os filhos nascidos desta união chamam-se *naturais*, com gozo limitado de direitos, sendo esta a situação de Adeodato.

O matrimônio era a união estável de tálamo (leito) entre homem e mulher livres, consagrada na lei, que era celebrado entre os romanos com o simbolismo do véu nupcial, tira rubra brilhante, colocada sobre os ombros dos nubentes para significar a vontade permanente de ajuda e serviços mútuos; e que substituiu anteriores correias ou tiras de couro (daí *cônjuge*, palavra composta por *cum+ jungere*, ou seja, unir com uma atadura ou jugo, *conjugium* ou casamento).

O matrimônio também era chamado de *conubium* (conúbio), significando velar-se ou cobrir-se com um véu (*cum+ nubere*).

A mulher casada chamava-se *nupta* e sua festa de boda *nuptiae* (núpcias).

> E retirada do meu lado, *chora Agostinho*, por ser impedimento ao matrimônio, àquela com quem compartilhava habitualmente o leito, meu coração amputada dessa parte a que estava unido, me ficara como uma chaga e jorrava sangue. Ela, em contrapartida, uma vez de volta à África, fez-te voto, Senhor, de não conhecer outro homem, deixando comigo o filho natural que eu com ela tivera (Confissões.,6, 15,25).

Em sua ânsia interior, segue os ensinamentos dos maniqueus, homens de grande fama e inteligência, que pregam a separação entre bem e mal, entre a luz e trevas, a pureza do espírito e a maldade da matéria, que torna o homem irresponsável suprimindo seu livre arbítrio.

Logo descobre as Cartas de São Paulo, a que chega depois da leitura dos platônicos e sob o influxo materno abraça o cristianismo; permanece em Milão, renuncia à cátedra, sendo batizado em 24 de abril de 386 pelo bispo Ambrósio, e após a morte de sua mãe regressa à África.

O filho Adeodato morre ainda moço.

Seu sacerdócio o consagra como bispo de Hipona, falecendo aos setenta e seis anos em 28 de agosto de 430, como um dos maiores Doutores da Igreja, embora o concubinato que enriquecera sua vida.

9.3. Hamurabi e o casamento

Costuma-se afirmar que o direito é dinâmico e representa a adequação da lei à evolução da sociedade, que exige reformas que sintonizem com a modernidade. Ou seja, acredita-se que a edição de algum ordenamento é novidade, iniciativa original e única, pois rente ao progresso.

A prospecção de velhos papéis ou a descoberta de inscrições esculpidas em rochas centenárias registra que isso não é verdade completa.

O império babilônico floresceu há cerca de dois mil anos, em local onde hoje está o conturbado território iraquiano e teve seu apogeu com Hamurabi, que expandiu sua hegemonia sobre a planície mesopotâmia, criando a primeira metrópole do mundo.

Seu maior legado foi a elaboração de um sistema de normas escritas, gravado em caracteres cuneiformes num bloco de pedra negra de dois metros de altura, encontrado em escavações feitas em 1901 numa cidade persa.

Dito código é formado por 282 artigos ordenados em 3.500 linhas, onde se identificam institutos ainda atuais, como as regras que cuidam da propriedade, família, sucessões, proteção do consumidor, cobrança e outros.

Como hoje, o casamento era um contrato proveniente de prévio arranjo entre os parentes dos consortes, onde o pai do nubente entregava-lhe o preço do noivado que o pretendente juntava aos presentes e passava ao pai da noiva na cerimônia, voltando depois à posse do varão junto com o dote, que constituía a parte da contribuição feminina.

O preço do noivado variava consoante a posição social das partes, não sendo maior que o valor de um escravo, e caso o genitor da noiva, após recolher os presentes, não entregasse a filha em casamento, devia devolver em dobro o que recebera, mas podia ficar com tudo se desistente fosse o noivo.

O dote consistia em objetos pessoais e peças de mobiliário, admitindo-se que abrangesse propriedades imóveis, passando a pertencer à mulher para sempre, que o passava aos filhos, se os tivesse; se não houvesse prole o dote voltava à família dela, desde que deduzido o preço do noivado pago pelo homem, caso não o doasse a ela.

A mulher não era considerada esposa se não existisse o contrato nupcial, e no acerto podiam ser estabelecidas cláusulas, como ser empregada da sogra ou da primeira esposa do varão.

As dívidas eram comuns, e com a boda o homem ficava responsável pelos débitos da mulher, inclusive aqueles anteriores ao matrimônio, mas ela não podia ser confiscada pelas obrigações assumidas pelo esposo.

Embora casada, a mulher continuava como membro de anterior família, sendo reconhecida como a *filha* de fulano, e não como a *esposa* de beltrano.

No divórcio, o homem restituía o dote e perdia a guarda dos filhos que ficavam com a mãe, todos mantidos por renda em campos e jardins; o dote era devolvido se não houvesse filhos, acrescido do pagamento de soma correspondente ao preço do noivado.

O marido podia expulsar a esposa infiel ou degradá-la à condição de escrava em sua casa, ficando com o dote e os filhos; mas ela podia acioná-lo por crueldade ou desprezo, se provasse estar com a razão, obtendo a separação judicial e levando seu dote; se fracassasse, era afogada.

A mulher podia coabitar com outro se o marido a deixasse sem sustento durante ausência involuntária, podendo retornar ao leito original, ocasião em que os filhos da segunda união iam morar com o avô; já a deserção voluntária ou exílio masculino dissolviam o casamento, não podendo ele reivindicar a esposa ou a propriedade quando retornasse.

9.4. Hamurabi redivivo

O exercício da razão distingue a humanidade dos outros seres e nela repousa a glória da ciência e da técnica, do pensamento erudito e da qualidade da vida.

O âmbito jurídico parece refletir os sintomas da progressiva evolução dos costumes, imaginando-se que tudo seja lei novidadeira ou norma criada.

Em outro texto se apontou que muitos princípios e dispositivos achados originais, já constavam de pedras babilónicas esculpidas durante operítxlode Hamurabi, envelhecidos por dois mil anos, mas cheios de atualidade.

A monogamia era a regra geral, e quando a esposa não podia conceber dava ao marido uma serva para procriar, transformando-se os descendentes em filhos da mulher legítima, como hoje acontece na maternidade de substituição; a empregada, contudo, embora coubesse ser reduzida à escravidão quando insolente, não podia ser vendida se houvesse gerado.

O varão tinha direito de adotar uma concubina, mulher livre, com dote, cujos filhos eram reconhecidos, uma espécie de esposa subsidiária.

Se a esposa ficasse inválida, o marido era obrigado a sustentá-la no lar, salvo se ela preferisse a restituição do dote e retorno à casa paterna, deixando-o livre para entreter outra ligação, reconhecidos como legítimos e herdeiros todos os filhos nascidos.

Não havia qualquer impedimento para que o homem tivesse filhos com uma escrava, descendentes que eram pessoas livres, cuja mãe não podia mais ser negociada, embora se admitisse a penhora de seu corpo, ficando autônoma depois do falecimento de seu mestre; tais filhos podiam ser reconhecidos, percebendo quinhões iguais na divisão da propriedade do genitor se adotados; se não houvesse reconhecimento, aguardavam que os filhos legítimos escolhessem os haveres em primeiro lugar, para quedarem com o remanescente.

Em sinal de igualdade, as mulheres livres casavam com escravos e percebendo dotes pelo matrimônio; os filhos nasciam livres e quando o escravo morria a esposa recolhia o dote e metade do que o casal havia construído com o esforço comum, aí também participando os filhos do casal; a metade restante, que seria do escravo, era partilhada para seu dono.

Os filhos pertenciam ao pai até que casassem, que usufruía o produto de seus trabalhos em recompensa à criação, os salários locavam ao genitor, que os penhorava ou vendia em caso de dívidas, garantia que passava à viúva e depois ao filho mais velho quando falecidos os ascendentes.

Ao pai descabia postular alimentos aos filhos casados, mas a herança lhes era assegurada no óbito paterno; a filha pertencia ao pai que a dava em casamento, ao serviço de vestal ou a entregava como concubina; o casamento era combinado ainda na infância da filha, mas se fosse depois indesejado, à nubente cabia optar pela vida religiosa ou devota.

O filho casado, segundo costume babilônico, não saía da casa paterna, ali residindo com a esposa e filhos, embora aquinhoado com parte do dote.

Como se vê e já cantara o dramaturgo, não há muita coisa nova debaixo dos céus.

Parte II – SUCESSÃO

10. O Cônjuge sobrevivente e a herança

A morte de um dos cônjuges segmenta a quantidade dos bens entre dois institutos jurídicos, pois a metade deles é preservada ao sobrevivente (direito patrimonial ou *meação)*, enquanto que a parte remanescente, então regulada pelo livro das sucessões, se transfere aos herdeiros (*herança).*

É verdade que a metade da parte que era do finado podia diminuir em disposição de última vontade para outros beneficiados, tendo-se no falecimento, então, que a *herança* compreenderá *a legítima* ou fração que cabe obrigatoriamente aos *herdeiros necessários*, e *o legado* instituído em *testamento.*

Uma das polêmicas do novo código reside na inclusão do cônjuge sobrevivo entre os herdeiros necessários, agora concorrendo também na herança com filhos ou pais do falecido, consoante o regime de bens adotado no casamento (CC, artigos 1.829 e 1.845); dizendo-se que isto se deu como compensação pela extinção do direito ao usufruto da quarta parte dos bens, enquanto perdurasse a viuvez do cônjuge casado em regime diverso da comunhão universal, antes vigente (*usufruto vidual).*

Essa concorrência não ocorre quando o regime adotado seja o da comunhão universal ou da separação obrigatória de bens, o que se apresenta razoável, pois no primeiro integram o patrimônio todos os bens anteriores ou comuns ao matrimônio, salvo os afastados pela lei, o que assegura meação adequada; e no segundo, porque os cabedais de qualquer ordem pertencem a quem o álbum imobiliário aponta como proprietário, ou seja, cada cônjuge desfruta de seu patrimônio pessoal.

A competição acontece nos regimes da comunhão parcial, na separação derivada de pacto antenupcial e na participação final dos aqüestos, os últimos, por não poderem abrigar-se em regra de exceção, pois não referidos no texto.

A controvérsia instilada se debruça sobre dúbia redação do texto, quando alude que o cônjuge sobrevivente concorre na herança quando o autor não houvesse deixado bens particulares, o que tem sido motivo de alentados artigos e de reportagens da mídia (CC, artigo 1.829, I).

É que não parece justo que o patrimônio de um viúvo que volte a casar-se, e que almejava tocasse aos filhos do primeiro leito, agora seja repartido também com a nova parceira; ou que os bens que o cônjuge trouxe para a boda, e que tem a expectativa de transmitir aos descendentes gerar, passe também a quem já estará abonada com o patrimônio adquirido durante o conúbio.

Até aqui os juristas raciocinavam que, não existindo bens particulares, não haveria concorrência na herança de quaisquer dos bens; e, tendo, o cônjuge restante participaria na herança, para alguns, inclusive na partilha dos bens particulares, para outros, apenas nos bens comuns.

Na espera que entendimento dominante surja da rotina dos tribunais, alguma orientação emergiu de eruditos participantes da III Jornada de Direito Civil, promovida pelo Conselho Federal de Justiça, órgão do Superior Tribunal de Justiça; e que editou verbete afirmando que o contido no artigo 1.829, I, CC, se aplica no regime da separação convencional de bens, na comunhão parcial e na participação final dos aqüestos, quando o falecido possua bens particulares, hipótese em que a concorrência se restringe a tais bens, *devendo os bens comuns (meação) ser partilhados exclusivamente entre os descendentes* (Enunciado nº 270).

Havendo bens particulares, o cônjuge supérstite concorre na herança deles, mas não tem partilha na herança dos bens comuns, que se quedam reservados aos filhos.

11. A sucessão do nascituro, prole eventual e embrião criocongelado

Para o diploma civil tem legitimidade para herdar as pessoas nascidas ou já concebidas no momento do óbito, quando se transmitem aos herdeiros legítimos ou testamentários todos os direitos.

A titularidade de direitos e obrigações, em primeiro lugar, pertence à *pessoa natural* ou quem nasce com vida, bastando que sobreviva um minuto para que detenha todas as garantias; definida àquela pela entidade mundial da saúde, como *"a expulsão ou extração completa do corpo da mãe, independente do período de gravidez, de produto que respira depois da separação ou que apresenta sinais vitais, como batimentos, pulsações, movimentos musculares, desprendido ou não da placenta"*.

Embora a personalidade comece com o nascimento com vida, a lei também põe a salvo desde a concepção os direitos do *nascituro*, que é o concebido ainda não nascido, optando a legislação brasileira por um entendimento médio entre os que reconhecem direitos somente após o nascimento (posição natalista) e os que os asseguram desde a fertilização (posição concepcionista).

Em outro ensejo se dirá que muitos atribuem a condição de pessoa ao feto desde a fecundação; alguns após a implantação no útero materno; e até quem o considere apenas parte das vísceras da gestante.

Na sucessão testamentária o novo código admite direitos hereditários para a *prole eventual*, ou seja, os filhos ainda sequer concebidos, de pessoas indicadas pelo testador, ainda vivas quando ele morrer.

Assim, alguém através de uma disposição de última vontade pode instituir um legado para um ser futuro, inexistente, que será gerado por pessoa apontada pelo testador, em prazo por ele previsto.

Neste caso, após a partilha os bens legados serão entregues a um curador nomeado pelo juiz, que os passará ao herdeiro logo que nasça, e com todos os frutos e rendimentos que o patrimônio tenha produzido.

Caso o herdeiro ansiado não tenha sido concebido até dois anos da morte do testador, os bens reservados retornam ao espólio e tocam aos herdeiros legítimos, se o legatário não tenha disposto em contrário.

Vê-se que a lei assegura direitos sucessórios à pessoa, ao nascituro e ao não concebido, mas nada refere ao embrião excedente que ficou depositado na clínica médica para implantação posterior, em estado de congelamento: é ele pessoa ou nascituro ou prole eventual?

A personalidade do embrião é questão recorrente para a ética, a medicina e o direito, em vista dos efeitos de sua possível manipulação, ainda que para fins terapêuticos ou experimentais, tema que não suficientemente esclarecido na lei de biossegurança.

Deste modo, o embrião não é *pessoa*, eis que ainda não nasceu e tampouco é *nascituro*, já que para tanto se exige o abrigo no ventre materno e ele está num tubo de laboratório; finalmente, também não é *prole eventual*, pois já está concebido, além de ser filho legítimo do testador. Portanto, na estrita conceituação legal, não tem direitos sucessórios!

Todavia, como ser vivo se reconhece no embrião a mesma *dignidade* que se destina às pessoas, condenando-se sua coisificação e resguardando-se sua inteireza.

A doutrina mais liberal tem imaginado a possibilidade de que o embrião congelado possa receber um legado análogo ao do não concebido, desde que o testador indique a gestante e o prazo para sua implantação, o que exigirá um perfeito consenso e respeito entre um e outro, afastada a *mercantilização* do ser embrionário com fito econômico e interesseiro.

12. O direito real de habitação

O direito real de habitação é a garantia assegurada ao cônjuge sobrevivente, qualquer que seja o regime de bens adotado no casamento, e sem prejuízo da participação que lhe caiba na herança, de permanecer no imóvel destinado à residência da família, desde que seja o único daquela natureza a inventariar, preservando-se a moradia da estirpe (Código Civil, artigo 1.831).

O direito se mantém mesmo para o casal sem filhos, pois o que importa é a destinação do bem e não o domicílio dos parceiros, submetendo-se, todavia, a determinadas condições resolutivas.

Cuidando-se de direito personalíssimo e temporário que se atrela ao usufruto, a vantagem se mantém apenas durante a vida do titular, extinguindo-se com seu falecimento; na viuvez, ainda, não pode o beneficiário celebrar outro casamento, instituir união estável ou concubinato, eventos futuros e incertos que podem ou não acontecer, diversamente da morte, que é condição inevitável.

Sua supressão também acontece quando o bem não é usado para residência, mas emprestado ou locado, pois a natureza jurídica do instituto é o direito de morar e não o de dispor, portanto daí sua denominação de *direito real* de habitação.

Como deixou previsto o novo diploma, o direito real de habitação não é incompatível com outro direito sucessório, possibilitando ao cônjuge remanescente direito à herança na forma do regime de bens pactuado no casamento.

Assim, o direito de habitação resiste mesmo na separação legal de bens, ou em relação aos bens pessoais do finado, e não apenas os havidos de maneira onerosa, quando se cuide da comunhão parcial ou participação final dos aqüestos.

Embora o direito real de habitação já fosse reconhecido aos companheiros pela Lei nº 9.278/97, o código novidadeiro deixou de atribuí-lo à união estável, senão que pode ser corrigido com aprovação de proposta de reforma do artigo mencionado (PL 6.960).

De qualquer sorte, a discriminação ora fabricada atenta com o princípio da isonomia constitucional que confere iguais direitos ao cônjuge e ao companheiro, ambos resultantes de formas de famílias criadas pela Carta Magna do país.

13. A deserdação e o Código Civil

O direito sucessório estabelece o princípio da liberdade de testar, mas proíbe ao testador de dispor de mais de metade de seus bens quando tiver *herdeiros necessários* (descendentes, ascendentes ou cônjuge sobrevivente, CC, artigo 1.845), a quem toca a outra meação ou *legítima* (CC, artigo 1.846), herdeiros esses que não podem ser afastados da sucessão, salvo nos casos de *deserdação* ou *indignidade*.

A deserdação é um instituto próprio da sucessão testamentária e consiste no afastamento do herdeiro por motivo prescrito em lei e indicado na disposição de última vontade.

No direito romano clássico, o *pai de família* podia contemplar estranhos em seu testamento, desde que excluísse seus herdeiros da sucessão, o que fazia mediante palavras sacramentais, dedicando uma frase para cada um; o que mais tarde gerou a exigência de disposição legal no código Justiniano, formalidade que passou aos demais ordenamentos modernos, aqui aportando através das Ordenações Filipinas e desembarcando nos projetos de codificação civil.

Algumas causas para a deserdação convivem com o afastamento por indignidade, aqui instituto comum às sucessões legítima e testamentária, como a autoria, co-autoria ou participação em homicídio doloso, ou sua tentativa, praticado contra a pessoa de cuja sucessão se tratar, seu cônjuge, companheiro, ascendente ou descendente; acusação caluniosa feita em juízo contra o autor da herança ou crime contra sua honra, de seu cônjuge ou companheiro; prática de violência ou ato fraudulento que iniba ou impeça o hereditando de dispor livremente de seus bens por ato de última vontade, como fazer desaparecer o testamento, constranger a testar, impedir de revogar, usar testamento falso, etc.

A medida sob comento exige a expressa declaração da causa no testamento, anotando o diploma atual que os pais podem deserdar os filhos em caso de ofensa física, injúria grave, relações ilícitas com o padrasto ou madrasta, desamparo do pai ou mãe em alienação mental ou grave enfermidade; no mesmo sentido, os filhos também estão autorizados a deserdar seus pais pela prática de ofensa física ou injúria grave, em caso de relações ilícitas com a mulher ou companheira do filho ou do neto ou com o marido ou companheiro da filha ou neta; e desamparo do filho ou neto com deficiência mental ou grave enfermidade (CC, artigos 1.962 / 1.963 e respectivos incisos, que, por óbvio, se reportam, genericamente, a ascendentes e descendentes, pois se aplicam aos respectivos graus).

Em boa hora foi expurgado, como motivo de banimento da herança, *a desonestidade da filha que vive na casa paterna,* um resquício da sociedade novecentista, previsto antes e que deserdava a descendente com história plúrima ou costumes dissolutos; e verdadeiro atentado à dignidade da pessoa e discriminação à liberdade sexual, além de se constituir em norma contraditória, pois aceitava como herdeira quem morasse em bordéis ou em local diverso da morada paterna.

Após o falecimento do autor da herança, cabe ao herdeiro instituído ou beneficiado com a deserdação ajuizar a competente ação ordinária para provar a veracidade da causa alegada pelo testador, o que deve fazer até quatro anos da data da abertura do testamento.

Em caso de apatia processual do herdeiro no prazo estimado, a disposição fica ferida pela caducidade e resta ineficaz.

14. A indignidade no direito sucessório

Em oportunidade anterior se disse que o testador tem a liberdade em legar, desde que respeite o direito de seus herdeiros necessários, não podendo dispor além da metade da legítima, fração reservada a ditos sucessores, salvo as hipóteses de *deserdação* ou *indignidade*.

A exclusão por indignidade é uma pena civil que priva o herdeiro ou legatário do direito à herança, e tem um fundamento ético, pois a sucessão se baseia na afeição que o hereditando dedica aos herdeiros e vice-versa, ocorrendo em vista do cometimento de ato criminoso ou ofensivo à vida, honra ou liberdade do titular da herança; assim, não é justo que se beneficie quem ofendeu a vida ou a memória de outrem.

O banimento do direito hereditário acontece tanto na sucessão legítima como na testamentária, e tem suas causas determinadas numa relação taxativa, atingindo somente as pessoas ali referidas e pelos atos ali expressamente enumerados (CC, artigo 1.814 e respectivos incisos).

Entre eles, a prática de homicídio doloso, consumado ou tentado, contra a pessoa de cuja sucessão se tratar, seu cônjuge ou companheiro.

Não se exige a prévia condenação criminal, bastando a prova produzida no juízo cível, e afastado o homicídio culposo; não vale mera suspeita, e a exclusão não é afetada por eventual extinção da pena criminal pronunciada.

Outra situação é o exercício de denunciação caluniosa ou crime contra a honra do autor da herança, de seu cônjuge ou companheiro, desde que a acusação tenha sido formulada no juízo penal, e aí ocorrida a prévia condenação, não se aplicando quando o fato se deu no cível.

Finalmente também é fator que priva o herdeiro ou o legatário alguma atividade que ofenda a liberdade de testar, como obstar a execução da última vontade, fazer desaparecer dito instrumento, constranger a testar, impedir de revogar ou usar de testamento falsificado.

A ação judicial para afastar por indignidade deve ser proposta pelo co-herdeiro, legatário, donatário, credor, fisco ou Ministério Público, quando presente interesse público (STJ), e até quatro anos da abertura da sucessão (data do óbito), extinguindo-se o direito além deste prazo ou com a morte do indigno.

O indigno recupera o direito de suceder quando for reabilitado pelo ofendido através de testamento, por algum ato autêntico ou for contemplado por legado instituído quando o testador já conhecia a causa da exclusão, o que representa um perdão expresso ou tácito.

Como os efeitos da privação são pessoais, os descendentes do excluído sucedem em sua representação, como se morto ele estivesse antes da abertura da sucessão.

A sentença que declara a indignidade é retroativa, atingindo os atos praticados pelo herdeiro, que se tornam ineficazes, salvo a alienação de bens a terceiros de boa-fé e os atos de administração que tenha cometido antes da decisão que o afastou, cabendo aos outros herdeiros manejar perdas e danos, se prejudicados; também fica ele obrigado a restituir os frutos e os rendimentos dos bens que recebera, tocando ser indenizado com as despesas feitas na conservação do acervo.

15. A vontade do testador

É costume se afirmar que no direito privado apenas o casamento e o testamento constituem institutos onde se deve venerar a rigidez das formalidades, pois o desrespeito a qualquer dos elementos informadores compromete suas validade e eficácia.

Assim foi no passado em que se dava cega obediência aos pressupostos legais necessários para a celebração do matrimônio, mas era nas disposições de última vontade que se encontravam a maioria dos exageros.

Uma assinatura mal colocada, a ausência de uma testemunha, alguma dúvida sobre a sanidade da pessoa, alguém que não havia escutado a leitura pelo tabelião, já eram situações suficientes para a nulidade do instrumento.

A comparação entre o código revogado e o atual estatuto material deixa à calva que o último procurou escutar a voz dos tempos e os influxos da modernidade, superando época em que até a datilografia do texto pelo advogado, substituindo o escrito manual do cliente, embora houvesse prova do ditado, podia ser motivo de invalidação.

O número de testemunhas foi reduzido, agora não é preciso costurar o testamento cerrado ou enchê-lo de selos e colas, as fórmulas são mais simples, há um testamento feito a bordo de aviões, e outro rápido e pessoal sob o temor da morte.

Em decisões recentes o tribunal local acentua com freqüência o pensamento de que o ato deve ser interpretado de acordo com sua finalidade, e que o sentido teleológico deve prevalecer sobre a formalidade, principalmente quando não há dúvidas sobre a inteireza psíquica do testador.

Daí ser a forma sem finalidade uma mera burocracia, que deve ser evitada e afastada pelo jurista, regra que se aplica a determinadas exigências que deviam mais proteger o testador, e não de submetê-lo à escravidão legal.

Nesta linha, as cortes julgadoras estimam que um dos valores mais importantes é *a livre e espontânea manifestação de vontade do testador,* que deve ser prestigiada sempre que entre em confronto com outra dúvida formal.

Quando houver controvérsias sobre cláusulas testamentárias que possam suscitar interpretações diferentes, o preceito civil ordena que a preferência recaia sempre na que melhor assegure o cumprimento da vontade do testador.

16. Notas sobre testamento particular excepcional

Aos sinais da morte, não é raro o testador arrepender-se de instrumento antes subscrito, e por absoluta falta de condições, registre em papel avulso sua última disposição de vontade, alterando a ordem pretérita; ou mesmo que não tenha sacralizado a peça cartorária, ansioso em fazer justiça derradeira ou favorecer benemérito de seus últimos instantes, redija de modo açodado seu desejo de dispor e perpetuar-se.

Cuida-se, aqui, do *testamento excepcional*, inovação prevista no código vigente, que releva como fatores de justificação a morte próxima e a impossibilidade de socorrer-se de outra forma de (CC, artigo 1.879)

O direito estrangeiro ensinava como causas da pressa, o perigo de o testador morrer antes que seja possível realizar um testamento perante o notário; ou se encontre em local isolado, em vista de motivos excepcionais; o risco iminente de sucumbir ou a submissão a situações anormais, de calamidade pública, como terremoto, inundação, seca, epidemia, desastre, conturbação popular, revolução; incêndio em prédio em que habite, quando joga um papel pela janela; a falta de comunicação em lugar inóspito, onde esteja perdido; o seqüestro do testador, que temendo ser assassinado, escreve e assina o testamento; internamento em hospital para tratamento intensivo, onde escreve o testamento, frente à proximidade do desenlace; estar em lugar de difícil acesso, sem possibilidade de comunicação, ou em local de ocorrência de tufão, terremoto, inundação, epidemia e outras catástrofes, com risco de morte.

As circunstâncias excepcionais, por óbvio, devem ser extraordinárias, inesperadas e de grande urgência, para obstar ao disponente de valer-se de outra forma de testamento; e tem sua validade condicionada ao óbito do autor da herança.

É tradição do direito pátrio, sempre reiterado pela jurisprudência gaúcha, a prevalência da vontade do testador quando alguma cláusula seja suscetível de interpretações diferentes, agora expressamente consignada (CC, artigo 1.899).

Reitere-se, por pertinente, que o intérprete do testamento deve estar atento aos termos do testador, considerando o tempo e o lugar em que escrito, o nível cultural e o estado em que se encontrava o ambiente vivido, as circunstâncias que o envolviam, a tipicidade das palavras.

A doutrina recomenda que o testamento excepcional mereça uma interpretação liberal, sem a rigidez e inflexibilidade que timbraram a exegeses passadas e até a falta de declaração do motivo por que o documento foi elaborado entende-se como implícita no temor da morte vizinha.

Enfim, tudo deve ser examinado com a prudência e o critério que qualquer peça moribunda exija do julgador.

17. O novo testamento: duas observações importantes

A implementação do jovem catálogo de regras civis e as situações novidadeiras causaram perplexidades, eis que encobertas em normas ingênuas.

As mudanças na sucessão testamentária não foram cirúrgicas, já que muitas das prescrições são estribilhos ao Código de 1916.

Há modificações meramente estéticas ou retoques de maquiagem que constituem respeito genuflexo às ordens da jurisprudência, como a possibilidade de que a disposição de ultima vontade seja redigida de forma mecânica, superando etapa que mandava escrevê-la com o próprio punho ou a rogo do hereditando; também quanto ao número de testemunhas, agora reduzido para duas pessoas (testamentos público e cerrado) ou três (testamento particular).

Ou ainda a criação do testamento aeronáutico, impensável em alva do século vinte.

Impende registrar, contudo, alteração substancial e que tem reflexos sobre os testamentos lavrados antes da vigência do novo Código Civil: o tema da clausulação.

É tradicional a possibilidade do autor da herança impor os gravames da inalienabilidade, impenhorabilidade e incomunicabilidade à parte que tocaria ao herdeiro necessário (legítima), agora concomitantes e conexas (CC, artigo 1.911), conforme já ditava a Suprema Corte (Súmula 49).

A proibição oriunda da clausulação mereceu da doutrina veneráveis meditações e acirradas críticas, pois se cuida de uma restrição que vai até a morte do herdeiro, inibindo de dispor dos bens que recebeu.

Embora considerada protetiva, e assim ocorre em muitos casos concretos, a oneração patrimonial é tida como *inutilidade, pois* os interesses protegidos são mínimos, podendo ser supridos através de outros meios; também afasta a *circulação de bens,* manancial de arrecadação do Estado, privando de tributos necessários para outras destinações sociais, como ainda é elemento de *insegurança* que afeta a sociedade pela obstrução no movimento de riquezas.

Além de que é *fonte de fraudes,* dissimulando a condição do acervo, prejudicando os credores imbuídos de boa-fé, sem deslocar-se a hipótese recorrente de uma *atitude egoísta* do testador que deseja eternizar-se no comando de seu domínio, por razões pouco éticas.

Os tribunais já mitigavam o rigorismo dos gravames, aplaudindo seu alívio em situações de sazão, como viuvez e aposentadoria da pessoa que recolheu o cabedal, para órfãos da revolução federalista, reformas do prédio em mau estado, onde habita família numerosa e desempregada, e freqüentemente para admitir a penhora em bem gravado nas execuções de alimentos.

Pois bem.

Agora em interlocução relevante, o diploma civil vigente exige que o testador declare a *justa causa* que o conduziu a estabelecer as cláusulas de inalienabilidade, impenhorabilidade e incomunicabilidade (CC, artigo 1.911, par. único), que seu filho é pródigo ou devedor contumaz, que teme o futuro dos netos por descenderem de perdulário, que o herdeiro deseja adotar o regime da comunhão universal no casamento com a futura nora que o hostiliza, agride ou despreza, etc.

Enfim, é preciso um motivo razoável para agravar a legítima, o que poderá ser debatido na via judicial, que analisará a justiça da intenção, depois de aberta a sucessão.

Finalmente, chama-se atenção para quem já fez o testamento, para inocente disposição, escandida nas disposições finais do Código: até 10 de janeiro de 2004, quem tivesse feito o testamento na vigência da lei de 1916, devia *aditar* o instrumento para consignar a justa causa de cláusula aposta à legítima.

Ou seja, o testador estava obrigado a comparecer ao tabelionato para declarar o motivo que o levou a impor o gravame ao bem destinado a seu herdeiro, e caso não o fez até a data fatal, a cláusula existente perdeu sua eficácia, caducou, teve-se como desconstituída.

P a r t e III – BIOÉTICA

18. Personalidade e biotecnologia

18.1. A pessoa, fundamento do novo Código Civil

A demora na elaboração do Código Civil de 1916 deveu-se, em parte, à resistência a uma unificação das leis, à resistência da Igreja e à condição jurídica das mulheres.

Vivia-se um sistema hierarquizado de família, com absoluto domínio masculino onde o patrimônio era o valor principal.

O país emergira da escravatura, sendo preciso adaptar um regime que contemplasse o trabalho livre, acolhendo a multidão de braços que se incorporava à produção, daí porque recorrente a discussão sobre as novas formas de contrato.

Embora paradoxal, um dos temas que pontuou o debate da codificação foi o conceito de *pessoa*, sempre noção proeminente em qualquer ordenamento.

O próprio Teixeira de Freitas, em seu *Esboço*, obra monumental até agora festejada e que seguiu à consolidação das leis civis que empreendera, teve dificuldades em embutir a palavra em seu projeto; até mesmo para que a lei brasileira se harmonizasse com o primeiro artigo do Código Civil português, onde se proclamava que *só o homem é pessoa*, motivo porque o grande jurista optou em definir como titulares *os entes suscetíveis de aquisição de direitos.*

Não foi menor a luta de Clóvis Beviláqua, que intentando reconduzir a pessoa ao patamar das garantias individuais, teve ferrenha oposição de todos os setores, principalmente os congressuais onde tramitava o projeto de codificação do direito privado.

Assim, a comissão revisora substituiu a expressão *todo o ser humano é capaz de direitos e obrigações na ordem civil,* proposta por Clóvis, por *todo homem é capaz...*, locução que acabou constituindo o artigo 2º do Código agora substituído.

Sublinhe-se, para realçar a natureza ideológica desta lei, que também as mulheres foram duramente afetadas, restando divididas em solteiras, casadas, viúvas, honestas, desonestas; ou seja, pessoas que desfrutavam de maior ou menor cidadania, consoante sua condição civil.

A Carta Federal vigente, ao instituir a dignidade da pessoa humana como dogma transcendente na esfera constitucional, e paradigma no ordenamento nacional, acabou refletindo na mudança desta concepção patriarcal vigente deste o novecentismo.

Agora, o primeiro dispositivo do novo Código Civil proclama que *toda a pessoa é capaz de direitos e deveres na ordem civil*, como ainda que *a personalidade civil da pessoa começa do nascimento com vida* (artigo 2°, CC).

Depois de uma luta que começou logo após a Independência, finalmente a lei se curva ao respeito pela pessoa, erigida como facho que ilumina o mundo do Direito.

18.2. Pessoa, o início da vida e o direito

A recente codificação material abre o portal do desfile de suas regras, afirmando que toda *pessoa* é capaz de direitos e deveres na ordem civil e que *a personalidade* começa com o nascimento com vida, pondo-se a salvo, desde a concepção, os direitos do nascituro.

O ordenamento pátrio seguiu o sistema natalista, que atribui direitos apenas a quem sobreviva ao parto, antepondo-se à idéia concepcionista, adotada pela dogmática cristã, que considera a existência da pessoa desde a fertilização dos gametas, embora a lei brasileira assegure garantias ao ser já concebido ou nascituro, que possui numerosos proveitos, inclusive sucessórios.

A fusão do espermatozóide com o óvulo gera o zigoto que detona uma série de divisões celulares, duas, quatro, oito, dezesseis, trinta e duas células, resultando um conjunto parecido com uma amora ou mórula, que no quarto dia já tem uma cavidade repleta de um líquido, o blastocele. Depois de viajar pelas trompas, entre o oitavo e duodécimo dias depois da fecundação, o conjunto celular se implanta no útero e passa a recolher o sustento materno, fenômeno chamado *nidação*.

Até aqui há um pré-embrião, mas depois da fixação desenvolve-se o embrião, formando tecidos, órgãos e sistemas, até o feto, e posterior nascimento.

A grande indagação é estabelecer qual o instante deste ciclo em que o novo ser vivo é uma *pessoa* capaz de merecer a proteção legal, o que tem especial interesse jurídico quando se debate a possibilidade de aproveitamento das células-tronco ou a interrupção da gravidez por anencefalia ou outro complicador na gestação.

A questão é polêmica e nas opiniões se mesclam ideologias religiosas, científicas e filosóficas.

Para a doutrina cristã, a pessoa decorre da simples união do gameta masculino e do feminino e desde já granjeia respeito e dignidade, suficientes para certificar sua aptidão e obstar quaisquer iniciativas que propugnem por sua invasão ou descarte: ou seja, titular de uma *alma* espiritual já tem a genuflexão de sua individualidade predestinada ao gozo da vida.

Os opositores aludem que o embrião, em suas primeiras fases de desenvolvimento, é apenas um amontoado de células indiferenciadas, e como ser potencial, qualquer delas pode originar outro embrião, razão de que pode ser eliminado ou utilizado sem qualquer objeção moral.

Em outro sentido, se diz que o embrião apenas passa a ser uma pessoa humana a partir de sua implantação no útero materno, pois até aí se movia em *incerteza*, podendo dividir-se em dois seres geneticamente idênticos; redargúem os contrários que a nidação nada acrescenta à programação do novo indivíduo, tanto que muitas células são destruídas, sem qualquer defesa da mãe, o que serve para a modelação da forma corporal e remoção dos tecidos vestigiais.

Outra corrente sinaliza que a pessoa se define a partir do 14º dia de desenvolvimento, quando aparece a linha primitiva do sistema nervoso, área de grande atividade celular; contudo, isso excluiria do conceito fetos com deficiência ou anormalidade do sistema nervoso, e de crianças, jovens e adultos com problemas cerebrais, que com incompletude nervosa estariam fora do abrigo ético.

E para o código brasileiro, os direitos da pessoa apenas defluem de seu nascimento com vida, bastando um sopro ou um minuto, para afiançar segurança jurídica.

A PATERNIDADE FRAGMENTADA

Finalmente, há quem entenda que só há pessoa quando exista vida de relação, possibilidade de reconhecimento, atos que indiquem autonomia mental, o que leva ao absurdo de estender-se tal lapso aos dois anos de vida, afastando qualquer possibilidade de infanticídio, pois até lá não se é um ser dotado de direitos!

Como se vê, são muitos os ingredientes quando se discuta o aproveitamento de fetos para experiências, a incineração de embriões conservados, a clonagem de células embrionárias, ou legalidade do aborto e outros temas tão recorrentes.

E como aqui se insiste, é necessário sempre ter como valor prevalente o da dignidade da pessoa humana, para que este princípio constitucional não se afigure apenas como argumento retórico.

18.3. Células-tronco, verdade e mito

A fertilização artificial é um processo a que recorrem os casais com problemas de procriação, e que consiste em estimular a produção de óvulos através de medicamentos: a mulher, que liberta apenas um óvulo em cada ciclo menstrual, neste caso, acaba gerando dezenas deles.

Os óvulos assim obtidos são colocados em uma placa com um meio de cultura adequado, e onde já se acham os espermatozóides do marido (fertilização homóloga) ou de terceiro (fertilização heteróloga), sendo fecundados cerca de vinte óvulos para obter uma gravidez, resultando daí tantos embriões.

Depois de exames genéticos, são selecionados quatro ou cinco embriões para introduzir no útero feminino; os dezesseis embriões que sobram (excedentários) são congelados em nitrogênio líquido em torno de duzentos graus abaixo de zero e, ou são descartados sem que ninguém saiba (embora seres humanos) ou armazenados sem prazo, daí se dizer que em nosso país há mais de trinta mil embriões conservados (congelados).

Os embriões excedentes causam grandes problemas no mundo, estimando-se que haja quase dois milhões em depósito, havendo países onde são incinerados após cinco anos, como na Inglaterra; aqui é proibida sua destruição, recomendando-se que fiquem à disposição do casal ou que se encaminhem à adoção por parelhas inférteis.

Dos quatro embriões colocados no útero somente um se desenvolve até o parto, em regra, e os restantes eliminados através da *redução fetal.*

No quinto dia, o embrião possui quinze a vinte células ainda indiferenciadas, mas com capacidade de se transformar em qualquer outra (osso, célula cardíaca, tecido nervoso), daí chamadas *totipotentes;* e que depois se mudam em *multipotentes,* agora já com especialização para formar órgãos e sistemas.

As células totipotentes são as células-tronco, que para sobreviverem necessitam o desfazimento do embrião, como se vê!

As experiências com *células-tronco embrionárias* para restaurar órgãos doentes não têm sido felizes, pois elas conservam o código genético original, ocasionando a rejeição que obriga o paciente a usar remédios imunossupressores para o resto da vida, além de desenvolver tumores no órgão que as recebeu.

Embora a crença na ação milagrosa para curar moléstias, até agora não houve transplante de células-tronco embrionárias em humanos, e a propaganda cada vez mais intensa e unilateral da mídia esconde o interesse em abrir portas para a clonagem.

Ao contrário, têm pleno sucesso as terapias com *células-tronco adultas,* de que são conhecidas mais de vinte variedades, também potentes para se converter nos tecidos lesados, utilizadas em tratamento de pessoas com Parkinson, esclerose múltipla, problemas cardíacos e de coluna, além de outros.

Ditas células não são rejeitadas porque vem do próprio paciente, e não deixam seqüelas, além de não resultar da destruição de embriões, o que mantém a dignidade destas pessoas potenciais.

Uma comunidade ética não deve permitir que se sacrifiquem embriões para deles se retirar células-tronco, achadas com melhor precisão no ser adulto, impondo-se estar alerta para a discussão que admite a experimentação com embriões humanos obtidos por fertilização artificial e congelados há mais de três anos.

18.4. O mundo novo e a tecnologia

Um dos fatos mais importantes deste tempo é o domínio da técnica pelo homem, seja para alterar a natureza como para criar produtos e instrumentos capazes de melhorar a saúde e o bem estar, às vezes arriscadas, mas muitas apropriadas para a felicidade humana.

É verdade que o progresso científico também compromete valores fundamentais, como a autonomia, a privacidade, a identidade, e que o direito deve ficar alerta para coibir excessos que afetem a dignidade da pessoa humana.

A ganância das grandes corporações financeiras é outro elemento freqüente neste âmbito, sendo visível a mudança do capital especulativo para setores mais rentáveis, como acontece com empresas de investigação biomédica.

Há pouco, a GE que cuidava da construção de tomógrafos migrou para a biologia molecular, com a aquisição acionária de importante multinacional; muitos pesquisadores universitários são cooptados para tais instituições, além da pilhagem de matéria-prima feita em países menos desenvolvidos.

A tecnologia de ponta hospeda-se atualmente nos edifícios da revolução genômica, da terapia com células-tronco e do novíssimo imageamento molecular, onde se situam as mais relevantes descobertas, já que a medicina está deixando os procedimentos mais ortodoxos para afagar o mecanismo molecular da doença.

Uma das novidades é a inclusão de um *"chip"* de DNA no corpo e com um marcador fluorescente que colore apenas as células cancerígenas, nada tingindo as células normais, ensejando acompanhar o progresso do tratamento, especialmente em cirurgias de próstata e mamas.

As células-tronco, que se transformam em qualquer outra possibilitando a regeneração de órgãos e sistemas, são fator de esperança para cura de muitas moléstias, falando-se até na estruturação de bancos públicos para armazená-las, já que sua eficácia atinge sessenta anos.

Embora se cogite retirá-las também de músculos e alguns tecidos, as que têm melhor potência são as células embrionárias, também achadas no líquido amniótico e na placenta, motivo de temor ante a possibilidade de um comércio clandestino de fetos oriundos de abortos.

A cirurgia cardíaca tende a ser menos invasiva através da injeção de células-tronco, que tem a propriedade de revascularizar e recuperar o miocárdio; mas os cientistas recomendam prudência em maior experimentação humana, pois ratos com derrames cerebrais acabaram registrando tumores malignos; já em leucemia não devem ser utilizadas células-tronco do próprio enfermo.

Contudo, um dos progressos mais instigantes é o da telemedicina, associando a miniaturização, ou nonotecnologia, com a Internet: o paciente, que se acha recolhido em sua casa é monitorado pela equipe médica do hospital através de um controle remoto sem fio (wireless) que se conecta a uma pulseira que transmite todas as informações!

É o *"mundo novo"* previsto por Huxley há mais de setenta anos, que a civilização recebeu com um sorriso irônico...

Mas, o que ainda virá?

18.5. A cremação e o direito

Os atos de sepultamento constituem cerimônia aflitiva, mas a cremação não fica também desprovida de emoção e dor, principalmente quando o esquife resvala em roldanas para compartimento desconhecido, ao som da música predileta de quem vai resolver o grande enigma da existência.

O processo de incineração do cadáver era conhecido há séculos entre os palestinos, segundo referências bíblicas, e também adotado por etruscos, gregos, romanos, indianos e japoneses, mas sem apreço dos chineses que anseiam ser inumados no solo de sua pátria; sofreu mitigação entre os europeus pelo credo da imortalidade da alma e da ressurreição dos mortos, influenciado pela doutrina cristã.

Consta que o primeiro crematório foi instalado na Inglaterra, em 1874, por Sir Henry Thompson, obtendo seu reconhecimento após refrega judicial intentada por um pai que buscava a autorização; logo o Santo Ofício editou provimento proibindo que os fiéis ordenassem a cremação de seus restos, notadamente por que a mesma era incentivada pela maçonaria, culminando em privar da sepultura e da extrema-unção os que assim agissem.

O anátema se estendeu aos suicidas, às mortes oriundas de duelos, aos apóstatas, hereges, cismáticos e pecadores manifestos, mas a reprovação foi abrandada pelo Código Canônico vigente que admite a concessão dos ritos das exéquias aos cristãos que tenham optado pela calcinação, salvo se os motivos dela forem contrários às regras cristãs, embora a preferência seja o enterro como do Senhor.

O judaísmo veda a cremação, o embalsamamento ou o mausoléu, e insiste em depor o corpo na terra em caixão de madeira, pois a alma sofre com a separação de seu invólucro, o que suaviza com a lenta desintegração da matéria; além de que se preserva um osso do pescoço (*osso luz*) que jamais se decompõe, ensejando a reconstrução futura.

Para Kardec, a separação da alma se verifica de modo gradativo, desprendendo-se aos poucos ou de maneira mais rápida, segundo a elevação pessoal, motivo porque os espíritas propugnam um espaço de três dias entre o desenlace e a cremação, período em que os despojos permaneçam em câmara frigorífica, mas recomendado o sepultamento.

Embora a legislação civil declare que a existência da pessoa natural termina com a morte (CC, artigo 10), é sabido que o respeito aos mortos se constitui em direito fundamental; motivo porque é punido quem destrói, subtrai ou oculta cadáver ou parte dele, bem como o vilipendie ou *suas cinzas* (CP, artigos 211 e 212), aqui se encontrando a base legal da incineração dos resíduos.

Por outro lado, a Lei dos Registros Públicos alude que a cremação somente será feita se houver prévia manifestação de quem dela for objeto ou interesse da saúde pública e se o atestado de óbito for firmado por dois médicos ou por um legista; no caso de morte violenta, somente depois da chancela da autoridade judiciária (LRP, artigo 77, § 2º).

Alinham-se, pois, os seguintes requisitos: a) inexistência de dúvida sobre a causa da morte, nem suspeita de crime; b) atestado subscrito por dois médicos ou por um legista; c) vontade, manifestada em vida, do desejo de ser cremado; d) ocorrência de epidemia ou calamidade pública, por recomendação dos órgãos sanitários; e) desejo da família, se o finado assim não se opôs quando vivo; f) autorização judicial, em caso de morte violenta, quando houve demonstração de simpatia com o ato, em vida.

A competência legislativa para o procedimento crematório é do município.

19. Temas bioéticos

19.1. A pessoa vulnerável

Um forte surto de meningite na Nigéria proporcionou experimento de droga fabricada por conhecida multinacional farmacêutica, ainda não aprovado em seu país de origem, o que levou à morte de onze crianças, enquanto outras duzentas ficaram surdas, cegas ou aleijadas; assim também acontecera com indivíduos saudáveis, recrutados na Estônia ou entre refugiados daquele país, levados para clínica suíça em troca de dólares e empregados como cobaias em variadas análises; ou negros americanos tuberculosos tratados com placebos apenas para testar sua resistência à doença, e que sucumbiram.

O uso de seres humanos em pesquisas de produtos fabricados por poderosas empresas é fato recorrente, explorado pelo cinema e pela literatura; mas sofre forte assédio contemporâneo dos órgãos sanitários e de entidades internacionais, em proteção aos indivíduos desprotegidos, não só pela conduta aética que comanda tais ensaios, mas em proteção da dignidade dos sujeitos envolvidos.

Assim, recentes diretrizes de organizações médicas exigem uma justificativa especial para convidar pessoas *vulneráveis* a servir como sujeitos das pesquisas, e, caso escolhidos, devem ser aplicados recursos de proteção de seus direitos e bem-estar.

Denominam-se pessoas vulneráveis, então, os seres de relativa ou absoluta incapacidade de proteger seus proveitos ou que não tenham poder, inteligência, educação, recursos, forças ou outros atributos necessários a garantir suas conveniências.

Desta forma, a principal característica da vulnerabilidade é a liberdade limitada para consentir ou recusar-se a participar da experiência, aí se incluindo os que observam alguma subordinação, como os militares e os estudantes; pessoas idosas, com reconhecida senilidade, residentes em asilos ou abrigos; os beneficiários da previdência ou da assistência social; as pessoas pobres e desempregadas; os pacientes de salas de emergência; alguns grupos étnicos e raciais minoritários; os sem-tetos, nômades, refugiados ou pessoas deslocadas de seu meio; os prisioneiros e as comunidades ignorantes dos conceitos médicos modernos.

Ou seja, todos os que podem ser cooptados pela sedução financeira ou instigação da sobrevivência fácil.

Outros protocolos acrescentam, também, a capacidade inadequada para discernir a proposta em termos éticos ou científicos; a infraestrutura local deficiente; o pessoal não treinado; a reduzida capacidade técnica para realizar a pesquisa; a limitada disponibilidade dos cuidados de saúde e tratamento fora do ambiente onde se realiza a atividade; ou a ausência de uma afetiva supervisão do exame.

A maior ou menor vulnerabilidade das pessoas ou países se deduzirá da presença numérica destes elementos no caso concreto; motivo por que os bioeticistas se batem pela proteção à saúde e a oferta de cuidados adequados e coletivos, por uma melhor qualidade de vida e a concentração de recursos em políticas que permitam expectativa de vida e respeito.

A idéia de pessoa vulnerável transcendeu ao âmbito médico, invadiu outros campos do saber e hoje ilumina alguns ordenamentos jurídicos, como ocorre nas relações de consumo ou familiares, os movimentos de proteção dos direitos fundamentais, as diferenças de gênero e sexo, setores onde a hipossuficiência é fator freqüente.

19.2. A clonagem e seus efeitos jurídicos

Para Jean Baudrillard, após a fase da *orgia*, caracterizada pelas diversas formas de liberação, seja política, sexual, forças produtivas, mulher, arte, etc, vive-se no atual estado das coisas uma etapa de *pós-orgia*, onde se insere a clonagem, ou seja, o máximo de reprodução humana com o mínimo possível de sexo.

A clonagem, diz o pensador francês, não é a busca do *duplo*, velho sonho da humanidade, mas a noção do *mesmo*, onde se eliminam mãe e o pai, misturam-se os genes, emaranham-se as diferenças; onde o clonado não é concebido, mas brota de um segmento, nem menino, nem gêmeo, nem reflexo, é a abolição da alteridade, a reiteração de si mesmo, o prolongamento indefinido do próprio corpo.

Já se disse que a ciência é neutra e necessita um controle do ordenamento jurídico.

Todavia, como diz Clotet, a pesquisa é ambivalente, tal como a figura do deus Jano e suas duas faces, e não pode ser banida, mas orientada para o bem geral da humanidade.

A clonagem suscita uma série de indagações no campo do Direito, pois é preciso definir de quem o clone é filho: de um casal ou do irmão do ser que doou o núcleo?

Caso filho dos pais do doador, será credor de alimentos, terá direitos sucessórios?

E se o doador se arrepender, durante o curso da duplicação e o feto estiver com vários meses, poderá interromper a gestação da mãe que hospeda? Qual a responsabilidade do laboratório que providenciou a técnica? Será o bebê propriedade da instituição científica ou o médico será o verdadeiro pai do clone? A quem caberia o pátrio poder do clone? Como fica o sacrifício de sua autonomia? Quem assume os ônus pelos erros no processo de clonagem? Qual a paternidade a prevalecer, a biológica, a jurídica, a socioafetiva?

O problema não é apenas folhetinesco ou se presta para a literatura, mas incide em diversos ramos jurídicos, sem desprezar a sua repercussão estritamente ética.

A Constituição brasileira estabelece, como um de seus fundamentos, o respeito à dignidade da pessoa humana, e ordena a fiscalização das entidades dedicadas à pesquisa e à manipulação do material genético, o controle da produção, comercialização e técnicas que ponham risco à vida, sua qualidade e meio ambiente (CF, artigo 225, § 1º, II e V); e a regulamentação do dispositivo invocado considera crime a manipulação genética de células germinativas humanas, a intervenção em material genético humano *in vivo*, a não ser para tratamento de defeitos genéticos (Lei nº 8.974/95, Lei de Biossegurança), e a Lei nº 9.279/96 restringe patentes de parte ou o todo de seres vivos.

Este armamento legal, por ora, impede a clonagem reprodutiva.

Segundo a Pontifícia Academia Pro Vita, a eventual clonagem humana representa uma violação dos princípios da paridade entre os seres humanos e o do não-discriminação, ambos os sustentáculos de todos os direitos da pessoa.

Como se vê a questão é tormentosa no âmbito das ciências jurídicas, além de suas implicações éticas, religiosas, filosóficas, etc.

19.3. Aspectos éticos dos transplantes de órgãos

Numa situação hipotética, a paciente não tem outro familiar de quem receber transplante de rim, a não ser de seu pai, que, embora histocompatível, não deseja cedê-lo, principalmente por que se trata de um procedimento de sucesso incerto. Todavia teme que seus familiares, ao saber de sua decisão, o acusem da morte da menor, razão por que pede ao médico que oculte a possibilidade.

O profissional apenas noticia que por razões médicos o pai não podia doar o rim.

Eis o caso.

O corpo é instrumento através de que a pessoa realiza seu destino no mundo, motivo por que sua integridade deve ser protegida pela ordem jurídica.

É ilícita a realização de qualquer ato, mesmo consentido pelo sujeito, que autorize um terceiro a dispor de seu corpo, e que implique na extinção de sua vida.

Questões de relevo têm sido suscitadas, em vista da possibilidade de disposição do corpo, como a dimensão de seu alcance, a compreensão das partes separadas e a posição quanto ao cadáver.

Com relação à doação de partes, deve-se obedecer a vontade do titular e observar-se a preservação da unidade, pois os direitos à vida e à integridade física, não permitem disposição que redunde em inviabilidade da vida ou da saúde ou importe em deformação permanente ou atente contra os princípios norteadores da sociedade.

O uso do corpo para transplante é permitido para fins altruísticos, vedada qualquer comercialização, em benefício próprio ou de terceiro ou interesse da ciência, mediante anuência do interessado impondo-se a vedação quando se referir a partes vitais, frente aos direitos da vida e intangibilidade física observados os limites legais.

Hodiernamente, o fato de se extrair um órgão sadio de uma pessoa viva, partindo da licitude do sacrifício em favor de outros e transplantá-los para outra pessoa, normalmente não apresenta dificuldades desde que respeitados os seguintes aspectos: da parte disponente um consentimento com ciência de causa, excluindo-se imposições alheias ou decisões pessoais irresponsáveis, exame dos eventuais riscos e prejuízos derivados da extirpação de um órgão, quando duplo; e, por parte do receptor, também se precisam avaliar riscos e benefícios, tanto no caso de não realizar o transplante como no caso de fazê-lo, como alerta Rita Maria Paulina dos Santos.

A doação intervivos exige informação clara ao doador sobre todos os riscos imediatos e tardios do processo de doação a fim de que possa exercer sua autonomia de forma esclarecida; prestando um gesto de valor incalculável para um seu semelhante, que não dispõe de qualquer outra alternativa para viver, sendo autonomia e a motivação as duas questões fundamentais em relação ao doador vivo, proclama Regina Parizi.

Observe-se o direito paterno à manutenção de sua integridade física, pois a cirurgia de extração de um rim é mutiladora e pode afetar não só a saúde do doador, mas até comprometer sua existência.

Por outro lado, em vista ao papel do pai na família, muito provavelmente a diminuição de sua saúde acarreta a redução da atividade laborativa, acabando por refletir da sustentação e sobrevivência dos demais integrantes de seu grupo íntimo.

Pode parecer óbvia a licitude de um transplante motivado pelo prolongamento da vida de um doente grave que não tem outra alternativa de cura, mas, na realidade, a reflexão bioética deve ser aprofundada.

Deve-se considerar que, mesmo na hipótese de um efetivo benefício para o paciente que receba o órgão, muitas vezes se exige uma mutilação do doador vivo; além disto, a vida prolongada do receptor é uma vida de pouca qualidade, observa Sgreccia.

A necessidade da informação deve ser completa e precisa sobre os riscos e as conseqüências, e as dificuldades precisam ser consideradas tanto como referência a quem recebe o órgão, devendo haver consentimento explícito e formalizado, antes de realizar o implante de um novo órgão.

É lícito o transplante homoplástico, como o de rim, nas seguintes condições: o doador vivo não deve sofrer um prejuízo substancial e irreparável em sua vida e atividade; e deve-se ter confirmado o sucesso do transplante no paciente receptor, pois o sacrifício do doador deve ter certa proporcionalidade com as vantagens reais para a vida do beneficiado, que poderá ser submetido a um tratamento arriscado e invasivo se houver fundadas esperanças de se obter um efetivo prolongamento da vida.

Em conclusão, no caso proposto, deve ser respeitada a autonomia do pai da adolescente, e a confidencialidade das informações.

Embora o progenitor possa ser censurado pela falta de solidariedade em relação à filha, não é menos certo que o sucesso da cirurgia, sumamente traumática, não está garantido, podendo representar grave prejuízo para todos.

19.3.1. A transfusão, o credo e a ética

Um dos problemas éticos enfrentados pelos médicos diz com a urgência de transfusão de sangue em membros das *Testemunhas de Jeová*, para quem o líquido é sagrado aos olhos de Deus, pois a alma está nele, assim como a vida.

Desta maneira, é errado ingerir sangue, como comer carne de um animal que não foi devidamente sangrado.

A Constituição brasileira assegura a igualdade de todos perante a lei (CF, artigo 5º), bem como determina que ninguém seja obrigado a fazer ou deixar de fazer algo senão em virtude da lei (artigo 5º, II), sendo inviolável a liberdade de consciência e de crença, assegurado o livre exercício dos cultos religiosos e a proteção dos locais de culto e suas liturgias (CF, artigo 5º, VI).

O consentimento é, em geral, o pressuposto da licitude das atuações dos profissionais da área médica, podendo dar lugar, em caso de não existir, à responsabilidade civil ou penal.

O responsável médico precisa de prévio consentimento do paciente para qualquer intervenção, podendo negar-se ao tratamento, salvo em certas ocasiões, como a impossibilidade de tomar decisões, onde o direito caberia a seus familiares, como no caso dos incapazes, ou de urgência, onde não se permita demora.

No Estado Democrático do Direito, cabe ao paciente rechaçar um tratamento, se está em condições de fazê-lo, e com isto optar pelo encurtamento de sua existência.

A partir destes preceitos, é possível repelir certas medidas, como prescrições dietéticas, e impedir intervenções em feridos e principalmente a recusa da transfusão de sangue pelas Testemunhas de Jeová, onde possa ocorrer a morte do paciente.

A possível invocação da liberdade religiosa e de consciência por parte do pessoal da área médica, para se negarem a praticar certas intervenções, não tem maior cabimento; pois estando o profissional exercendo um dever público, como ocorre nos pronto-socorros, não pode se basear na subjetiva alegação de motivos religiosos, morais ou íntimos, para eximir-se de sua função, tal como se um funcionário abdicasse de cumprir sua obrigação estatutária por razão ideológica.

Anote-se que o Código Penal descreve como crime o fato de deixar de prestar assistência, quando possível fazê-lo, sem risco pessoal, à criança extraviada ou abandonada; ou à pessoa inválida ou ferida, ao desamparo ou em grave e iminente perigo (CP, artigo 135); ou constranger alguém, mediante violência ou grave ameaça, ou depois de lhe haver reduzido, por qualquer meio, a capacidade de resistência, a não fazer o que a lei permite; ou a fazer o que ela não manda, salvo a intervenção médica ou cirúrgica, sem o consentimento do paciente ou de seu representante legal, se justificada por iminente perigo de vida (CP, artigo 146, § 3º, I).

A lei civil estabelece que as pessoas de direito público sejam civilmente responsáveis por ato de seus representantes, que nesta qualidade causem danos a terceiros, procedendo de modo contrário ao direito, ou faltando a dever prescrito por lei, salvo o direito regressivo contra os causadores do dano (Código Civil, artigo 43).

É verdade que o Código de Ética Médica veda ao profissional efetuar procedimento sem esclarecimento e consentimento prévios do paciente ou de seu responsável legal, salvo em iminente perigo de vida (artigo 46); ou de desrespeitar o direito do paciente de decidir livremente sobre a execução de práticas diagnósticas ou terapêuticas, salvo o em caso de iminente perigo de vida (artigo 56); mas também o censura se deixar de utilizar todos os meios disponíveis de diagnóstico e tratamento a seu alcance em favor do paciente (artigo 57), pois a medicina é uma profissão a serviço da saúde do ser humano e da coletividade (artigo 1º); e o médico deve guardar absoluto respeito pela vida humana, atuando sempre em benefício do paciente, jamais utilizando seus conhecimentos para gerar sofrimento físico ou moral, para o extermínio do ser humano ou para permitir ou acobertar tentativa contra sua dignidade e integridade (artigo 6º).

Alegam os seguidores deste credo, que há tratamentos alternativos, substitutivos do sangue, como as soluções salinas, e a de Ringer, o dextrano, que podem ser usados como expansores do plasma, e que estão disponíveis nos hospitais modernos, o que evitaria a transfusão.

No Brasil, em vista da sucessão de casos havidos, o Conselho Federal de Medicina editou recomendação, sinalizando que, em caso de haver recusa em permitir a transfusão, a vontade do paciente ou de seus responsáveis será respeitada, caso não haja iminente perigo de vida; mas se esta ocorrer, o médico transfundirá, independentemente da aquiescência do paciente ou de seus responsáveis (Resolução 1.021/80), que adotou o parecer nº 21/80).

Dessa forma, como visto, o conflito inexiste para o médico, ante a regra estatuída por sua corporação, muito embora a questão aludida ainda seja muito delicada.

20. Interrupção da gravidez

20.1. A interrupção da gravidez

A legislação penal brasileira pune a prática do aborto apenas admitindo a interrupção da gravidez quando não haja outro meio de salvar a gestante, ou resulte a gestação de estupro, sendo o ato abortivo precedido de consentimento da gestante ou de seu representante legal.

Em ambos se aplica o princípio da proporcionalidade, pois no primeiro caso entram em colisão o direito à vida da mãe e do filho, dando-se prevalência à primeira; e na segunda hipótese, o conflito se estabelece entre o direito à vida do feto e a reputação da mãe, inclinando-se a lei pela segunda, o que se discorda, embora em situação minoritária.

A interrupção da gravidez é fonte de notícias e debates, em vista de recentes episódios de seres anencéfalos ou outras síndromes que afetam a vida da gestante.

A literatura jurídica costuma referir decisão da Suprema Corte dos Estados Unidos, em 1973, no conhecido processo Roe v. Wade, em que uma mulher propugnava o direito de abortar; terminando a Corte em entender que a criança apenas concebida não podia ser considerada uma pessoa, ao abrigo da 14ª Emenda Constitucional, pois o feto representa uma vida em potencial, devendo o Estado preocupar-se com a menor somente depois que nascesse e fosse considerada viável.

Para os juízes americanos, somente quando a potencialidade de vida do feto atingisse um elevado grau de probabilidade de dar lugar a *uma vida em ato*, é que o Estado pode interferir na esfera da liberdade da mulher a dispor de seu próprio corpo; limitando sua autonomia procriativa, daí se distinguirem três fases no processo de gravidez, cada um com diverso poder de ingerência.

Na primeira fase, que vai da concepção ao terceiro mês de gravidez, prevaleceria o direito pessoal da mulher em decidir sobre o aborto, com a concordância e assistência de seu médico, sendo o ato livremente efetuado segundo o processo terapêutico escolhido pela mãe, elucidada pelo profissional.

Nesta fase o poder estatal seria nulo, diminuído seu interesse no *produto de concepção*, quando muito impor que o aborto fosse realizado por médico, que assumiria a responsabilidade de levar a interrupção a bom termo.

A segunda fase, que detona a partir do quarto mês, onde a intervenção se torna complicada e suscetível de causar conseqüências, o Estado teria o poder de regular de modo detalhado o método de realização, como indicar instituição de saúde competente, apontar médico qualificado ou outros expedientes.

Finalmente, na fase em que o feto já teria condições de viver fora do ventre materno, o que acontece entre as 24ª e 28ª semanas, o Estado pode proibir o aborto.

Como se observa, o precedente americano estabelece três momentos.

O primeiro, entre a fecundação e o terceiro mês de gravidez, o aborto é direito da mãe, sem possibilidade de mediação estatal; do terceiro mês até o sexto ou oitavo mês, há uma intervenção estatal mitigada, em que o Estado indica o método, o médico e o hospital para realizar o ato; depois da oitava semana, o aborto é proibido, salvo situações excepcionais para preservar a vida ou a saúde da mãe.

Ressalte-se que não se exige a permissão do pai do concebido: não é condição legal a decisão paterna para autorizar a interrupção da gravidez, estando em testilha, em regra, o direito da mulher em dispor do próprio corpo.

E que constitui o principal argumento agitado pelos movimentos feministas brasileiros em prol da legalização do aborto.

20.2. Notas sobre o aborto

Ainda não pousaram as cinzas da cremação causada pelas fagulhas do recente provimento médico que afastava a exigência de qualquer prova para interromper a gravidez da mulher estuprada.

A polêmica foi apaixonada e se moveu em todos os matizes do espectro social, envolvendo posições religiosas, filosóficas, éticas, jurídicas, além dos contornos próprios do procedimento cirúrgico.

O aborto, que é a cessação prematura e intencional da gravidez, com ou sem expulsão do feto, presta continência aos crimes contra a vida e ao julgamento pelo tribunal do júri.

A lei penal pune quem provoca o aborto em si mesma ou permite que outro o faça (CP, artigo 124), sancionando ainda severamente quando o terceiro aja sem consentimento da gestante ou até com sua anuência (CP, artigos 125 e 126).

Escapa da punição o médico que pratica o aborto na gestante quando não há outro meio de salvar a vida dela (*aborto necessário*, CP, artigo 128, I) ou quando a gravidez resulta de estupro, precedido o ato médico do consentimento da gestante ou de seu representante legal, quando incapaz (*aborto sentimental*, CP, artigo 128, II).

Em breve reportagem histórica se constata que o aborto nem sempre foi objeto de recriminação penal, ficando impune, entre alguns povos, quando não acarretasse dano à saúde da mulher ou determinasse a morte da gestante.

Conta a Bíblia que era penalizado com multa o agente que ferisse mulher grávida mas que sobrevivesse ao aborto; se houvesse a morte da gestante, o autor era condenado a reprimenda similar a que causara (Êxodo, c.21, v.22).

É conhecida a regra de que *"a nenhuma mulher darei substância abortiva"*, prescrita no juramento de Hipócrates, como a opinião de Aristóteles admitindo o aborto enquanto o feto não tivesse adquirido alma, até para manter o equilíbrio demográfico; ou o entendimento de Platão que aconselhava a interrupção da gravidez para as mulheres maiores de 40 anos.

Sem referência na Lei das XII Tábuas, os romanos consideravam o produto da concepção como parte do corpo da mulher, que assim dele podia dispor livremente, o que era aceito entre todas as classes, acepção alterada mais adiante, quando o aborto passou a ser tido como uma lesão ao direito do marido em ter uma prole.

A consolidação do anátema se deu com o cristianismo, embora Santo Agostinho somente achasse crime quando o feto já possuísse alma, o que aconteceria entre 40 a 80 dias da fecundação, visão contrariada por São Basilício.

A morte do feto inanimado acarretava pena extraordinária, mas se o nascituro já estivesse animado, a pena era o suplício: é que a perda da alma impedia o batismo, remetendo o feto para o limbo.

Anote-se, contudo, que havia mitigação da pena para a mulher violentada quando ainda inanimado o embrião, o que se agravou depois, prevendo-se a morte com espada para a mãe que abortasse, ou seu afogamento ou sacrifício na fogueira.

O apóstolo da legitimidade do aborto foi o médico francês Klotz-Forest, pregando a homilia de que a mulher pode dispor de seu corpo e recusar a maternidade, pois o feto é apenas uma parte de suas entranhas; e assim como qualquer pessoa pode destruir sua existência ou amputar-se, também cabe expurgar dela o ser que a engravida.

Embora o nascituro seja um ser vivo, não tem personalidade capaz de gerar direitos, que são atributos da pessoa, afirmação repelida por Garcia Pintos, para quem o feto é uma perfeita individualidade, não é órgão, mas organismo, não é parte mas todo, titular de direitos.

Manzini também acha que o feto é uma pessoa virtual, em formação, um cidadão seminal, uma expectativa de vida humana; quem pratica o aborto não opera numa matéria bruta, mas contra um homem na ante-sala da vida civil.

Como se vê, a controvérsia sempre navegará num mar de tormentas.

20.3. O aborto sentimental

Os médicos podiam ficar autorizados a realizar abortos com dispensa do boletim policial da ocorrência de estupro, peça antes imprescindível para o procedimento cirúrgico.

Saudada como iniciativa que evitava percalços para a mulher fragilizada pela violência do crime, e pelos movimentos que nela divisam a porta para a generalização do ato, diversos juristas alertaram para a responsabilidade dos profissionais que seguissem a norma emanada da autoridade sanitária nacional, além dos protestos dos defensores da vida.

A bíblia criminal prescreve que não se pune o aborto praticado pelo médico quando não há outro meio de salvar a vida da gestante (CP, artigo 128, I) ou quando a gravidez resulta de estupro e o ato é precedido de consentimento da gestante ou, quando incapaz, de seu representante legal (CP, artigo 128, II).

O primeiro é conhecido como *aborto terapêutico ou necessário* e constitui um verdadeiro estado de necessidade por carência de outra maneira em preservar a gestante, exigindo perigo de vida e a inexistência de outra forma de salvar a vida da mulher.

Aplica-se a teoria da proporcionalidade ponderando-se os dois princípios em colisão, o da vida materna e a vida do feto, inclinando-se para o primeiro por mais preponderante: é o que se encontra em questão ainda na Suprema Corte, no julgamento sobre o aborto de nascituros anencéfalos.

Esta forma já ocorria nos tempos medievais, embora com a oposição da Igreja, pois segundo ela, a alma do feto sem batismo ia direto para o limbo.

Contam que Pio XI aceitava o *"aborto indireto"*, consistente em ministrar os meios terapêuticos, sem intenção de eliminar o feto, ainda que ele viesse a morrer ou ser expulso prematuramente.

Enfim, é a interrupção artificial da gravidez para conjurar perigo certo e inevitável para a vida da gestante, podendo ser profilático, curativo ou preventivo, desde que surja uma moléstia mórbida que ponha em risco a existência da mãe.

Os tribunais escusam os médicos por lesões corporais causadas na paciente, quando o aborto é praticado para salvar a vida dela.

A segunda espécie de licitude se acha no *aborto sentimental*, também conhecido por *aborto ético ou humanitário*, em que a gravidez resulta de estupro e a gestante consente no procedimento.

Aqui, os valores em cotejo são o direito à vida do feto e a honra da gestante, entendendo a maioria que não se pode obrigar a uma maternidade odiosa, com a recordação perene da violência sofrida; outros que a existência do feto é mais importante que a reputação.

Os juristas do passado sustentavam que ao Estado cabia a criação dos filhos de mulheres estupradas, que não se podia impor a elas.

A medida incentivada pelos órgãos governamentais se ancorava no registro da passagem de mais de duzentas mil mulheres pelos postos do sistema público de saúde, afetadas por complicações oriundas de abortos caseiros ou realizados em clínicas clandestinas; dizendo-se que o aborto é a quarta causa de morte materna no país; contudo, o provimento estatal claudica no desprezo a uma notícia sobre o estupro para que se proceda a ação médica.

Embora não seja necessária autorização judicial, sentença condenatória ou processo em curso contra o agente do crime, a literatura penal recomenda que o médico se certifique da veracidade da alegação da gestante, acautelando-se para afastar futuro indiciamento.

É que qualquer gravidez indesejada pode ser atribuída a uma violência, abrindo-se as comportas da liberação.

20.4. O aborto sentimental e os filhos rejeitados

Em sede de aborto escapa da punição o médico que pratica a interrupção da gravidez quando a gestação resulta de estupro (CP, artigo 128, II), o que agora exige a apresentação do boletim de ocorrência policial, segundo recente orientação do Conselho Federal de Medicina, opondo-se a uma decisão contrária editada em março por organismo governamental.

A autorização do aborto sentimental, além da chancela legal, se calca na colisão de princípios constitucionais contrapostos, com o direito à vida num dos pólos e o direito à imagem e à reputação em outro, pois a gestante não pretende viabilizar uma gravidez aflitiva que será recordação dolorosa, inclinando-se a ponderação para a segunda variável.

Ou seja, a existência do feto é imolada na fogueira prevalente da moralidade da mãe.

É sabido que muitos operadores jurídicos batalham para a preservação dos filhos gerados por estupro, obstando o aborto e levando a gravidez a termo com medidas de incentivo e de proteção à mãe para evitar o sacrifício do nascituro.

No âmbito internacional, além da possibilidade de adoção do filho abominado, alinham-se pautas razoáveis, como a instituição do salário-maternidade, igual ao salário mínimo profissional para as famílias ou mães solteiras de baixa renda.

Também se arrolam a licença-maternidade por seis meses ou mesmo um ano, sem prejuízo do salário integral, a cargo das empresas ou dos institutos de previdência social; auxílio-natalidade para cobrir os gastos do parto, considerada a renda familiar e a circunstância da mãe ser casada ou solteira; salário-família, que além de condigno, torna-se progressivo em função da remuneração familiar e da quantidade de filhos; reserva de determinado número de moradias populares para os recém casados ou para a mãe solteira; concessão de empréstimos a casais jovens para aquisição ou construção da casa própria, reembolsáveis em juros e com parcelas de amortização segundo o número de filhos; maior dedução da renda familiar no pagamento dos tributos federais ou isenção total para as comunidades de baixa renda que tenham quatro ou mais filhos, além do abatimento total das despesas do parto; dedução total no imposto de renda com os gastos da adoção de criança deficiente; formação de educadores qualificados para informar as futuras mães dos perigos psicológicos, psíquicos e morais do aborto e das soluções positivas oferecidas, para educar e preparar os jovens para o casamento e para a maternidade; triagem de assistentes sociais especializados nos problemas legais e práticos da adoção, para facilitar o acesso às informações e favorecer sua execução.

Em outras nações se atribui ao Estado a criação dos filhos de mulheres estupradas, que terão toda a assistência, educação e sustento em entidades públicas, podendo também ser encaminhados para famílias substitutas.

Em nosso país, embora possíveis alguns dos expedientes referidos, o caminho mais aconselhável é o da adoção, pois a autoridade judiciária mantém em sua comarca registro de crianças e adolescentes em condições de serem adotados, bem como lista de pessoas interessadas idôneas com lar saudável.

Neste caso, cuidando-se de infante exposto ou órfão não reclamado, ou de menores com pais desconhecidos, ou que estejam em lugar incerto ou não sabido, a legislação material concede facilidades para o processo judicial, tendo em vista o maior interesse da criança e de sua dignidade pessoal, vetores que iluminam a política menorista.

É o respeito que merecem seres desvalidos que vêm ao mundo cobertos com o anátema da rejeição e da desonra.

Impressão:
Evangraf
Rua Waldomiro Schapke, 77 - P. Alegre, RS
Fone: (51) 3336.2466 - Fax: (51) 3336.0422
E-mail: evangraf.adm@terra.com.br